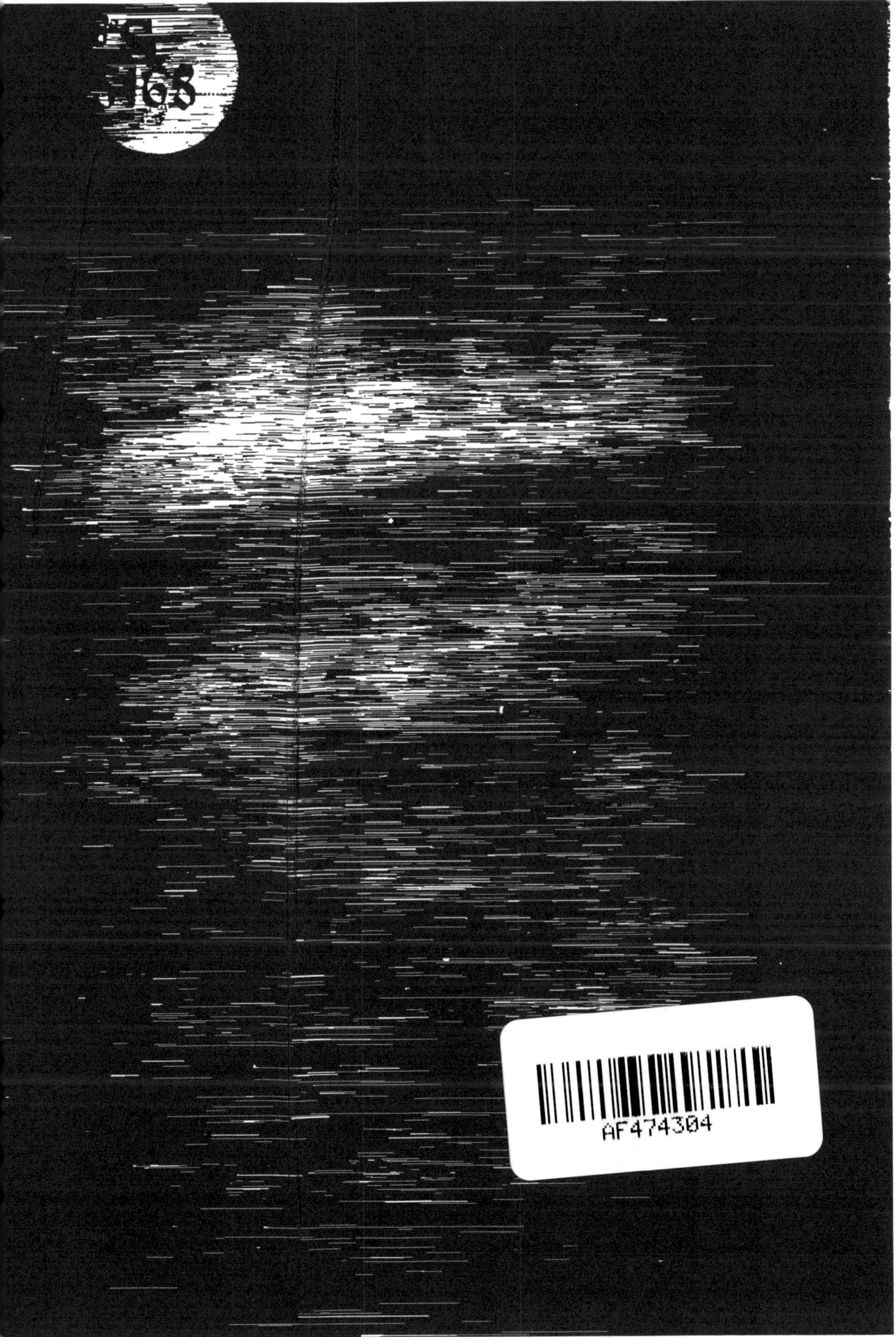

GÉOLOGIE

DE JERSEY

PAR

LE P. CH. NOURY, S. J.

PROFESSEUR À SAINT-LOUIS (JERSEY)

ANCIEN PROFESSEUR À L'ÉCOLE SAINTE-GENEVIÈVE (PARIS)

AVEC UNE CARTE GÉOLOGIQUE IMPRIMÉE EN COULEUR
ET QUATRE PLANCHES DANS LE TEXTE

PARIS

LIBRAIRIE F. SAVY

BOULEVARD SAINT-GERMAIN, 77

JERSEY

LIBRAIRIE LE FEUVRE

BERESFORD STREET

1886

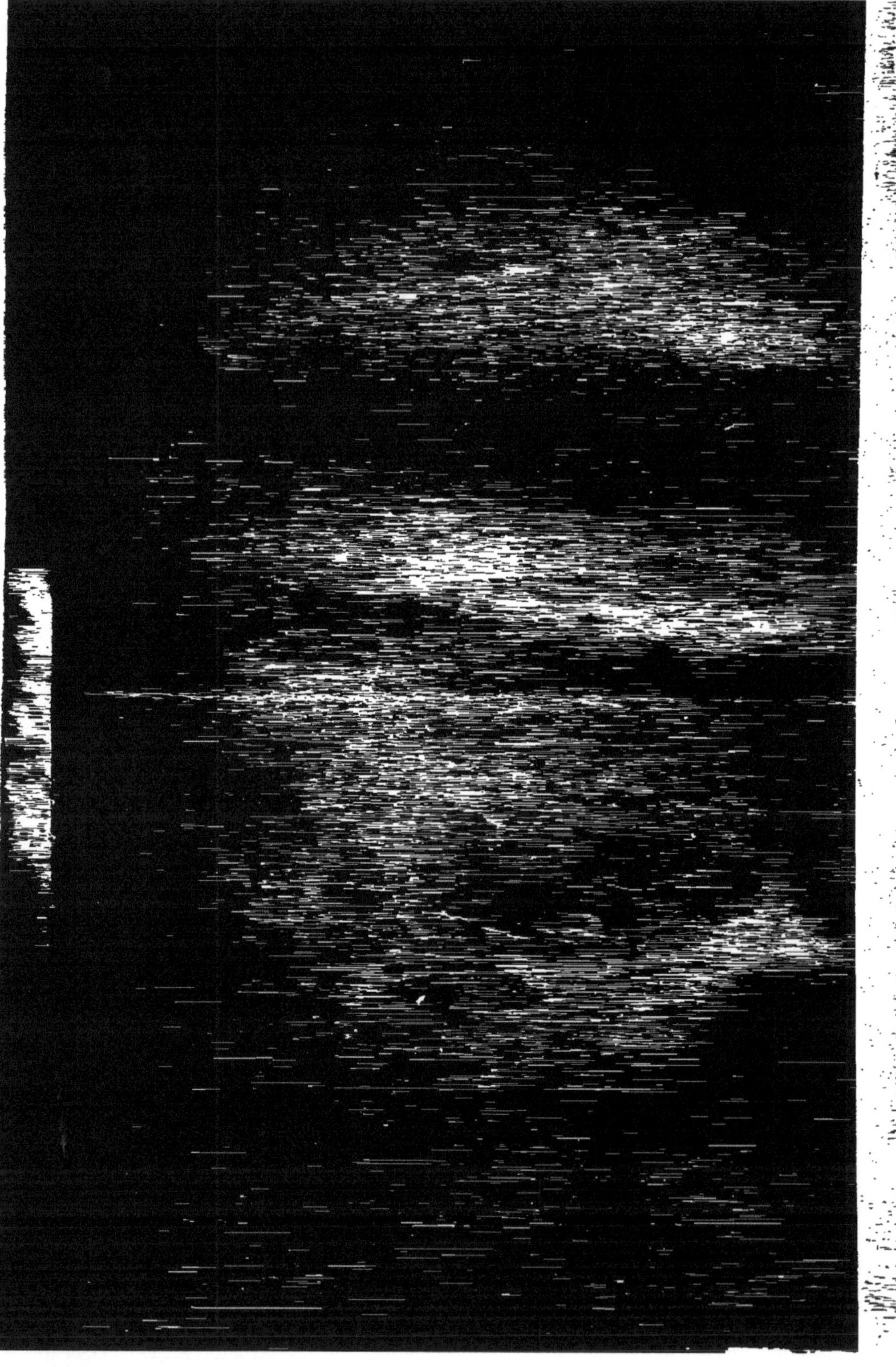

GÉOLOGIE

DE JERSEY.

TYPOGRAPHIE FIRMIN-DIDOT. — MESNIL (EURE).

GÉOLOGIE
DE JERSEY

PAR

LE P. CH. NOURY, S. J.

PROFESSEUR A SAINT-LOUIS (JERSEY)

ANCIEN PROFESSEUR A L'ÉCOLE SAINTE-GENEVIÈVE (PARIS)

AVEC UNE CARTE GÉOLOGIQUE IMPRIMÉE EN COULEUR
ET QUATRE PLANCHES DANS LE TEXTE

PARIS
LIBRAIRIE F. SAVY
BOULEVARD SAINT-GERMAIN, 77

JERSEY
LIBRAIRIE LE FEUVRE
BERESFORD STREET

1886

AU LECTEUR.

Le titre de cet opuscule en dit suffisamment l'objet. Quant à notre plan et à notre méthode, on les verra se dessiner, nous l'espérons, à première lecture. Disons seulement, pour justifier certaines descriptions très détaillées et l'emploi assez fréquent des noms anglais, qu'en nous adressant à tous les lecteurs en général, nous avions cependant principalement en vue les habitants de Jersey et les nombreux visiteurs qu'ils reçoivent chaque année dans leur île. Nous serons satisfait si notre travail mérite la bienveillante appréciation qu'en a donnée un illustre géologue après avoir lu notre manuscrit :

« En un mot, votre ouvrage est une excellente monographie; elle a un caractère local bien accentué, et est rédigée de manière à être facilement accessible à tous ceux qui connaissent l'île de Jersey... »

(*Lettre de M. de Lapparent à l'auteur.*)

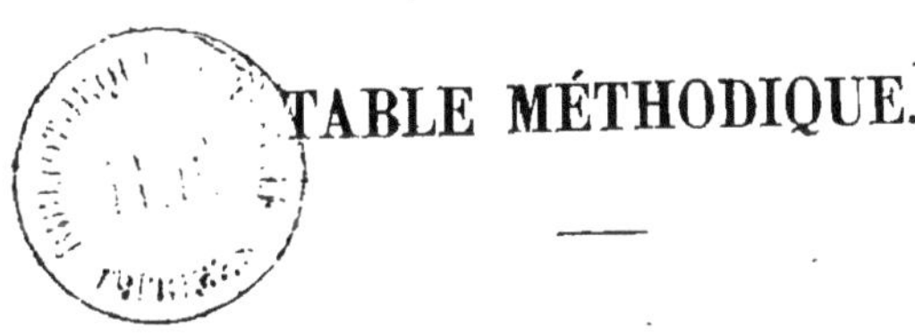

TABLE MÉTHODIQUE.

---

§ IV. — Contours et relief de l'île.

§ V. — Passé de Jersey.

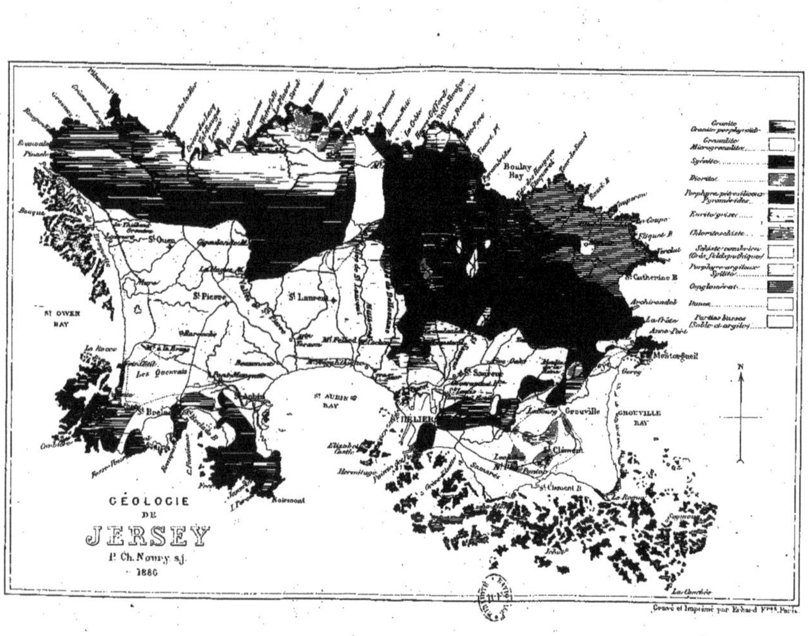
GÉOLOGIE
DE
JERSEY
P. Ch. Noury s.j.
1886
Granite
Granite porphyroïde
Granulite
Microgranulite
Syénite
Diorite
Porphyre pétrosiliceux
Pyroméride
Eurite grise
Chloritoschiste
Schiste cambrien
(Grès feldspathique)
Porphyre argileux
Spilite
Conglomérat
Dunes
Parties basses
(Sable et argile)
N
St OWEN BAY
St Ouen
St Pierre
St Laurent
St AUBIN BAY
St Brelade
Les Quenvais
Noirmont
Boulay Bay
St Catherine B
Montorgueil
GROUVILLE BAY
Grouville
St Sauveur
St Clément
St Clément B
Hermitage
Gravé et Imprimé par Erhard Frères, Paris.

GÉOLOGIE

DE JERSEY.

---

§ I.

TRAVAUX SUR LA GÉOLOGIE DE JERSEY.

1° RÉSUMÉ.

Le 28 janvier 1884, M. de Lapparent s'exprimait ainsi devant les membres de la Société géologique de France : « L'île de Jersey ne paraît pas avoir attiré jusqu'ici, autant qu'elle mérite, l'attention des géologues. Ce n'est pas que les explorateurs aient absolument fait défaut; mais leurs travaux sont demeurés sans lien et, la plupart du temps, chaque nouveau venu semble avoir ignoré les recherches de ses devanciers. Le premier en date, parmi ceux qui ont étudié Jersey au point de vue géologique, est Mac Culloch. Dans un travail daté de 1817, cet auteur mentionne la superposition du schiste à la syénite, ainsi que l'existence d'un poudingue ou d'une brèche argileuse formant la pointe nord-est de l'île et dans le voisinage de laquelle il indique un porphyre pétrosiliceux (*hornstone porphyry*). La même année, Plees fait connaître, dans une description générale de Jersey, un travail de König, signalant l'existence d'un porphyre argileux joint à une roche amygdaloïde...

« En 1851, M. Transon, alors ingénieur des Mines, a publié dans les *Annales des Mines* une bonne description géologique de l'île, avec carte à l'appui (1). L'auteur signale trois massifs de granite syénitique, au milieu desquels se trouve un terrain de schiste argileux et de grauwacke, dont les couches sont dirigées N. 29° E. Il reconnaît deux épanchements porphyriques s'étendant, l'un de Frémont Point à Boulay Bay, l'autre autour de la pointe de Montorgueil et reliés par une bande d'une roche de couleur variable, qu'il qualifie de *grès*, bien qu'il reconnaisse sa structure rubanée et, par endroits, ses remarquables séparations *prismatiques*. Enfin M. Transon marque, à l'ouest de Saint-Hélier, un affleurement de ce qu'il appelle des porphyres argileux amygdaloïdes, qu'il considère comme du schiste ancien, métamorphosé par le contact de la syénite.

« Le travail de M. Transon, écrit avec soin, est d'ailleurs rempli d'observations intéressantes et consciencieuses.

(1) Je dirai plus loin quels étaient les terrains marqués par cette carte. (*Note de l'auteur.*)

« En 1862, MM. Ansted et Latham ont publié sous le titre : *The Channel Islands*, un livre où M. Ansted a donné une coupe de Jersey, mais sans mentionner le travail de M. Transon. Dans cette coupe, dirigée de l'ouest à l'est, la masse principale de l'île est représentée comme formée de schistes, souvent durcis, disloqués par la syénite. La pointe orientale laisse apercevoir, reposant sur cet ensemble, ce que M. Ansted a nommé un conglomérat ancien (*old conglomerate*), entremêlé de schistes pétrosiliceux (*hornstone schist*), lesquels supportent un conglomérat plus récent, à cailloux variés et à pâte rougeâtre, où l'auteur n'est pas éloigné de voir un dépôt permien ou triasique. Ainsi ce travail, fort en retard sur l'œuvre de M. Transon, semble ignorer absolument les roches porphyriques dont Mac Culloch avait reconnu l'existence dès 1817.

« En 1878, M. J.-A. Birds publiait, dans le *Geological Magazine*, une note où il n'est fait aucune mention de l'étude de M. Transon, mais où la position des trois masses principales de granite amphibolique (syénite) est bien indiquée. En même temps l'auteur signale, là où M. Ansted avait parlé de schistes pétrosiliceux, des roches porphyriques à pâte felsitique. En 1879, ces roches porphyriques ont été l'objet d'une étude sommaire de M. Thos. Davies. Sur des échantillons envoyés par M. Dunlop, ce savant a reconnu et décrit, sous le nom de *rhyolites anciennes*, des porphyres pétrosiliceux, où les structures perlitique et sphérolithique étaient remarquablement développées. L'auteur signale la dimension des globules, capables d'acquérir jusqu'à deux pouces de diamètre, et mentionne, d'après M. Dunlop, la présence du porphyre en fragments dans le conglomérat le plus récent de la pointe nord-est de l'île. »

Après cet exposé des travaux antérieurs, M. de Lapparent, qui avait examiné toute une collection des roches de Jersey et avait provoqué de notre part, avec un essai de carte, un certain nombre d'observations, donnait d'abord un aperçu rapide de la constitution géologique de l'île; puis, s'étendant davantage sur les porphyres pétrosiliceux et les pyromérides jusque-là moins étudiés, l'éminent géologue concluait en ces termes : « L'île de Jersey nous offre dans le voisinage immédiat du Cotentin un massif éruptif du plus haut intérêt et riche en types vraiment exceptionnels (1). »

2° PRÉJUGÉS QUI ONT COURS.

Quelques écrivains n'ayant qu'incidemment l'occasion de parler de Jersey, ou manquant du loisir nécessaire à une étude personnelle, ont naturellement suivi l'indication de la carte géologique de France, qui pré-

(1) *Bulletin de la Société géologique de France*, 28 janvier 1884.
Le travail de M. de Lapparent a été reproduit en 1885 dans le *Bulletin de la Société Jersiaise d'archéologie*.

sente l'île comme formée de deux parties à peu près égales, l'une granitique regardant la Bretagne et l'autre de transition en face de la Normandie (1). Ils ont été ainsi amenés à affirmer la ressemblance, quelques-uns même l'identité, des terrains de transition de l'est de l'île avec ceux du Cotentin, et des roches granitiques de l'ouest avec les gneiss et les micaschistes des côtes malouines. « Si Jersey, dit l'un d'eux, a, dans sa lutte contre la mer, gardé quelques lambeaux de schiste, ce n'est que dans sa partie orientale (2). » Or cette distribution n'est pas fondée, puisque les schistes naturels ou métamorphiques se trouvent à Jersey un peu partout, mais surtout au sud et à l'ouest, c'est-à-dire précisément à l'opposé de la Normandie. On peut s'en convaincre en jetant les yeux sur notre carte. Ansted est du reste très précis sur ce point : « In the western side is chiefly shale or imperfect slate, and on the eastern side some variety of quartz rock. »

Le granite de Jersey ne répond pas davantage au gneiss et au micaschiste de Saint-Malo. D'abord dans l'île il n'y a pas de gneiss, j'entends *in situ;* car il m'est arrivé d'en rencontrer quelques échantillons dans un jardin de Sainte-Marie. La singularité de leur aspect les

(1) Cette carte de France est de 1840. Les géologues français en publient maintenant une nouvelle pour laquelle ils m'ont fait l'honneur de me demander les indications relatives à Jersey, Guernesey et Aurigny; mais je n'ai pas eu l'occasion d'étudier ces deux dernières îles comme celle dont je présente aujourd'hui la monographie.

(2) *Les Mouvements du sol,* par M. A. Chèvremont.

avait fait employer comme pierre d'ornement. J'ai appris de celui qui les avait apportés de Saint-Hélier, qu'ils avaient servi de lest à un navire venant de Rio-Janeiro. Un naturaliste de Jersey m'en a indiqué six autres échantillons de deux à trois décimètres carrés de surface, distribués symétriquement dans les piliers d'entrée, au château de Rock Berg. J'ignore la provenance de ces derniers échantillons, mais leur seul mode d'emploi montre assez qu'à Jersey le gneiss n'est pas considéré comme une pierre commune. J'avoue pourtant qu'il n'est pas nécessaire pour s'en procurer de le faire venir d'Amérique, puisque Saint-Malo et Dinard sont tout près de Jersey. Quant aux quelques veines des carrières du Portelet simulant le gneiss, il est visible qu'elles ne diffèrent de l'ensemble des granites porphyroïdes que par de légères injections de diabase. Enfin les granites de Jersey rappellent si peu le gneiss, que M. E. Duprey, secrétaire de la Société Jersiaise d'archéologie, a pu signaler comme un fait extraordinaire la rencontre de lambeaux épars d'une roche présentant avec le gneiss quelque ressemblance. On les trouve de 50 à 100 mètres à l'ouest de la Motte. Faut-il y voir un reste de filon de granite étiré ou une enclave gneissique amenée des profondeurs par l'éruption dioritique, c'est ce que l'état de dislocation des roches n'a pas permis de définir (1).

(1) Dans le courant du mois de mai 1885, un navire venant du Brésil a déchargé au quai de Saint-Hélier un lest de très beau gneiss. On en

Le *micaschiste* de Saint-Malo rappelle-t-il mieux les roches de Jersey? Transon a remarqué au Mont de la Ville une veine *micacée* qu'il regarde comme de la minette, il en manifeste son étonnement. « Il est, dit-il, fort remarquable de trouver ainsi le mica en roche dans une île où cette substance fait en quelque sorte défaut à ses associations naturelles, y étant presque constamment remplacé par l'hornblende. » J'avoue que cette appréciation, qui est aussi celle d'Ansted, est un peu forcée; j'ajoute même que cette veine presque entièrement composée de mica est loin d'être unique. Mais cette réserve faite, il me paraît suffisamment ressortir de l'observation de Transon que les roches granitiques de Jersey ne rappellent en rien les *micaschistes* de l'embouchure de la Rance.

a transporté de douze à quinze tonnes aux environs du Petit-Ménage dans la Vinglaine de Petite-Longueville. Il a en général le grain fin et les strates bien régulières; parfois cependant on y trouve empilées de larges plaques de mica brun-marron, distribuées irrégulièrement dans une masse granuleuse de feldspath et de quartz, ou bien encore implantées dans de beaux cristaux de feldspath rose-chair. On vient de se servir de cette roche pour réparer quelques murs de clôture auprès de Gros-Puits.

§ II.

LA CARTE GÉOLOGIQUE DE JERSEY.

1° ASPECT GÉNÉRAL DE L'ILE.

Jersey forme une sorte de rectangle de 17 kilomètres de long sur 9 de large (1). La petite dimension est du nord au sud. L'ouest est terminé par une grande baie en forme de croissant ; une autre, en demi-lune, occupe le centre de la côte méridionale sur un tiers environ de sa longueur ; les deux autres tiers sont formés chacun de deux baies de moindre importance. Le nord en compte trois principales, et l'est deux seulement.

La côte nord est la plus élevée : elle atteint vers la Belle-Hougue 148 mètres, tandis que Noirmont, qui domine au sud, ne dépasse guère la moitié de cette hauteur. Ainsi la pente est générale vers le sud et c'est de ce côté, surtout dans la baie de Saint-Aubin, que s'ouvrent les principales vallées. A l'ouest, le cours d'eau

(1) Un des points remarquables de Jersey, la Tour du Prince, est à 4° 24' 5'' O. de Paris, ou 2° 3' 51'' O. de Greenwich, ce qui donne un retard de 17^m 36^s ou 8^m 15^s sur les heures officielles. Sa latitude est 49° 12' 4'' ; celle de Paris (Panthéon), 48° 50' 49'', et celle de Londres (Saint-Paul), 51° 30' 49''.

de Saint-Ouen atteint une certaine longueur tout en coulant perpendiculairement à la côte, mais au nord, la vallée du Lecq ne peut s'étendre un peu qu'en demeurant parallèle au rivage.

L'île est percée d'un si grand nombre de chemins que la carte routière paraît un réseau inextricable. Heureusement des grandes routes, pourvues d'un trottoir qui les fait reconnaître, partent de Saint-Hélier dans la direction de chaque paroisse. Toutes sont parfaitement entretenues, et c'est à se demander ce que l'on ferait de plus pour les allées d'un jardin. Les vallées et souvent même les petits chemins des plateaux sont bien ombragés, et, grâce à Dieu! le seront encore longtemps. Cependant la culture toujours croissante des pommes de terre amène le déboisement de quelques coteaux (1). Si les arbres venaient à disparaître, Jersey perdrait une bonne partie des charmes qui lui attirent chaque année de si nombreux visiteurs, mais son climat n'en serait pas modifié; car vu la faible étendue de l'île, il dépend nécessairement de la mer qui l'entoure. Quand les chaleurs atteignent en France 36 degrés centigrades, elles ne dépassent pas 28 degrés à Jersey. Les rhododendrons, les camélias, les hortensias, les fuchsias et même les géraniums arborescents, grandissant en pleine terre, montrent que les gelées sont peu redoutables. Du reste, comme les arbres à feuilles persistan-

(1) L'exportation annuelle des pommes de terre s'évalue à 10 ou 12 millions de francs.

tes, le laurier, le fusain, le houx et le chêne vert sont très répandus, le passage entre l'été et l'hiver est moins sensible que sur les côtes de France. La quantité de pluie paraît atteindre un mètre par an.

2° NOTRE CARTE (1).

Je n'ai pu rencontrer qu'une carte géologique de Jersey, celle de M. Transon (2). Bien qu'incomplète et se bornant aux côtes et aux vallées principales, elle donne une idée à peu près exacte des granites et des schistes. La seule erreur grave en ce genre est qu'elle substitue des granites aux schistes de la vallée de Saint-Ouen. L'auteur ne marque pas les diorites et n'a pas reconnu les pyromérides ni les porphyres pétrosiliceux qu'il prend pour du grès. D'ailleurs au moins la moitié de l'île est laissée en blanc. Ansted écrivait dix ans plus tard ; son ouvrage lui est tout personnel : c'est lui-même qui le déclare. Aussi ajoute-t-il assez peu aux connaissances précédentes. La coupe de l'île qu'il nous présente s'étend de l'est à l'ouest. Elle commence dans le conglomérat de Sainte-Catherine et finit dans les dunes des Quenvais. Le schiste y apparaît trois fois relevé par la syénite ou granite : cela ne me semble pas

(1) En novembre 1885, j'ai eu l'honneur d'offrir au musée de la Société Jersiaise ma première grande carte géologique de Jersey.

(2) M. Transon, ingénieur des mines, a publié son travail en 1851, dans les *Annales des Mines*, à Paris.

acceptable. Du reste l'auteur lui-même ne regarde pas cette coupe comme définitive; voici ses paroles : « In the middle of Jersey, the shale *seems to cover* the granit at intervals. »

Il est vraiment regrettable que Transon ou Ansted n'aient pas habité longtemps Jersey, ou que quelqu'un des naturalistes de l'île n'ait pas trouvé le loisir de s'adonner davantage à l'étude de la géologie. Nous aurions depuis longtemps une carte exacte. Je n'ai pas la prétention de combler dignement cette lacune, mais puisqu'à défaut de mérite, le temps du moins ne m'a pas manqué pour l'observation, je crois être à même d'étendre les données de Transon et de fournir des renseignements plus exacts sur bon nombre de localités que, de son aveu, il n'a pas visitées, ou qu'il n'a évidemment pas eu le loisir d'étudier suffisamment.

Les côtes, au moment de la basse mer, et les vallées que longent assez souvent des chemins, ne présentent pas trop de difficulté à l'étude pétrographique, surtout si des carrières y sont en exploitation. Mais en dehors de là, il faut profiter de toutes les tranchées des routes ; bien heureux serez-vous, si la surface, passée à l'état d'argile, vous laisse apercevoir, çà et là, une roche encore assez vive. Reste encore la ressource d'entrer dans les propriétés où l'on espère trouver quelque roche à découvert. Mais, au premier abord, cela paraît moins facile ici que partout ailleurs. Souvent en effet le pauvre visiteur se voit barrer le chemin par un inexorable poteau sur lequel il peut lire écrit en gros caractères : *Any person found trespassing on these grounds vill be prosecuted;* et de peur qu'on ne s'excuse sur l'ignorance de la langue anglaise, on a pris soin de traduire : *Toute personne qui sera trouvée passant sur ces terres, sera poursuivie.* D'autres affiches sont encore plus laconiques et supposent qu'on ne peut ignorer l'anglais : *No thoroughfare* ou bien *No road;* traduisez : *On ne passe pas.* Si je signale cette coutume, ce n'est pas pour m'en plaindre ; mais j'ai voulu faire connaître la principale difficulté qu'on rencontre les premiers jours ; celle, par conséquent, que ne peuvent éviter les géologues de passage, pour qui les premiers jours sont aussi les derniers. N'ayant pas le temps de s'attarder à visiter les détails, ils ont encore bien moins celui d'aller demander la permission d'entrer dans les propriétés. Aussi ils se contentent de contourner les côtes, ou de longer quelques vallées. Pour moi, grâce à des circonstances assez connues, depuis cinq ans déjà je suis à Jersey. L'habitude, qui, à la longue, émousse la rigueur même d'un *No thoroughfare,* a fini par me donner de la hardiesse.

Je regarderais comme superflu de dire que l'autorisation de visiter les propriétés m'a toujours été accordée, quand on a connu le motif de ma demande, et je suis heureux de trouver dans cette déclaration un moyen de témoigner ma reconnaissance. Non seulement on se montrait d'ordinaire facile et bienveillant, mais parfois même on était encourageant : tel ce brave cultivateur qui disait en voyant mon sac et mon marteau : « Vous, Monsieur, vous pouvez passer partout, vous êtes *géologiste*. »

Il y a dans cette petite île une telle variété de roches, que j'ai dû réunir sous un certain nombre de groupes principaux les espèces les plus voisines et géologiquement subordonnées entre elles. Peut-être aussi, un jour, on creusera une carrière ou un chemin, dans un massif actuellement couvert et on y trouvera ce que je n'y ai pas soupçonné. C'est le sort commun des cartes géologiques des pays tourmentés. Plus d'une fois, en moins de dix pas, j'ai trouvé trois espèces de pierres. Dans les siècles passés, Jersey fut, d'une façon vraiment remarquable, le champ ouvert aux assauts des agents internes et externes de notre globe. Nous avons sous les yeux les résultats de la lutte. Les passer en revue et indiquer, autant que possible, comment et dans quel ordre ils se sont produits, c'est le but de cette courte notice.

§ III.

DESCRIPTION SOMMAIRE DES ROCHES DE JERSEY.

On distingue en géologie trois principales sortes de roches : celles qui, apparues à l'état de fusion o de dissolution, se sont consolidées sur place ; elles sont dites : *roches éruptives;* celles que l'eau a déposées nommées *sédimentaires,* et enfin celles qui depuis leur première formation ont subi des changements dans leur constitution ou leur texture, et que l'on a appelées, pour cela, *métamorphiques.* Ces dernières peuvent provenir des deux espèces précédentes, mais surtout des sédimentaires.

ROCHES ÉRUPTIVES.

1° ROCHES GRANITIQUES.

Les granites de l'île sont très variés ; il serait difficile d'assigner à chacun sur la carte une couleur spéciale, sans y introduire une certaine confusion. On peut du reste les ramener à deux types principaux. Les uns contiennent nettement trois éléments constitutifs, en quantité à peu près égale : je leur conserverai le nom de *granites;* les autres ne laissent guère apercevoir, sans le secours du microscope, que deux éléments : je les désignerai sous le nom de *granulites*. La carte les montre formant ensemble trois massifs distincts. Le plus considérable s'étend sur le nord de Saint-Laurent et constitue presque en totalité les paroisses de Saint-Jean et de Sainte-Marie et le nord de Saint-Ouen. Le second couvre Saint-Brelade ; le troisième commence à Elizabeth Castle et Fort-Régent, passe par le sud de Saint-Sauveur et forme en grande partie les collines de Saint-Clément et de Grouville ainsi que le rocher de Montorgueil.

Granite.

Le granite proprement dit se compose de trois éléments essentiels : le feldspath, le mica et le quartz (1). Ce dernier s'y montre en petites masses irrégulières, et il s'est évidemment consolidé après les autres éléments,

(1) *Quartz :* silice ou acide silicique ; vitreux, parfois laiteux ; constitue le silex, le cristal de roche, le sable ordinaire.

Feldspath : silicate double d'alumine et d'une des bases alcaline ou alcalino-terreuse, potasse, soude, chaux, souvent mélangées entre elles, et avec le fer et la magnésie.

Mica : silicate complexe d'alumine avec la magnésie, le fer, la potasse, etc., en proportions variables. Il est moins riche en silice que le feldspath (Étymologie : *micare*, briller.)

Hornblende : silicate complexe, magnésien, calcareux, ferreux et alumineux. (Étymologie : éclat de la corne.)

car il s'est moulé sur leurs contours. Dans les granites de Jersey, le mica est accompagné de l'amphibole hornblende. Aussi les auteurs anglais les appellent *syénites,* en souvenir de celui de Syène, en Égypte, qui contient de l'amphibole. En France, ce nom de syénite s'applique surtout à une roche granitoïde composée de deux éléments principaux : le feldspath orthose et l'amphibole hornblende, mais jamais à une roche où le quartz est un des éléments constitutifs, comme c'est, à peu d'exceptions près, le cas à Jersey. Du reste, bien qu'on ait affirmé le contraire, la granite proprement dit ne fait pas absolument défaut dans l'île ; au Crabbé, par exemple, il est bien marqué.

Le granite a le plus souvent une teinte gris cendré provenant du mélange du feldspath de couleur claire, et du quartz vitreux avec l'hornblende et le mica noirs. C'est en particulier ce qu'on peut remarquer à la grève du Lecq. Celui du Trou du Diable, du Crabbé et de Plémont tire davantage sur le noir bleuâtre. Dans toutes ces localités le fond de la roche est uni et le grain assez fin. Au contraire, à la Saline près Saint-Jean et à Grosnez, à la Moye et à la Cotte, des deux côtés de Saint-Brelade, au Portelet et à Noirmont, le granite est porphyroïde (1) : les cristaux de feldspath y

(1) *Porphyre* (pourpre) : roche feldspathique formée d'une pâte homogène dans laquelle sont disséminés des cristaux d'une teinte plus claire. Il tire son nom du porphyre rouge; mais il y en a de bruns, de noirs, de verts, etc.

dépassent parfois deux centimètres carrés. Ainsi que dans la granulite de Mont-Mado dont je parlerai plus loin, le quartz y est granuleux, et la proportion relativement faible de mica ou d'hornblende, fait que l'une et l'autre de ces roches sont susceptibles d'un beau poli. Aussi n'est-il pas rare de les trouver employées comme pierres d'ornement, et l'on en fabrique même de petits objets de luxe, tels qu'anneaux et bracelets.

Le Mont de la Ville est formé d'un granite à grain serré, d'une teinte rougeâtre, un peu sombre. Il est parfois employé comme moellon, mais le plus souvent il sert à l'empierrement des routes. On en trouve un semblable aux Maltières et dans les rochers isolés d'Elizabeth Castle et de Montorgueil. L'élément noir est cependant plus rare dans cette dernière localité.

Ordinairement le feldspath de ces granites exposé aux influences atmosphériques prend une teinte rose-chair, parsemée quelquefois d'un jaune pâle ou d'un rouge sanglant. C'est sans doute le résultat de l'oxydation du fer. Le phénomène est à peu près général sur les côtes ; cependant la teinte grise ou bleuâtre se conserve assez bien au Lecq, au Trou du Diable, au Crabbé, et à Plémont, c'est-à-dire dans ceux de nos granites qui se rapprochent le plus du type classique. Celui des carrières de l'Étacq pourrait être rangé avec ces derniers, si l'élément noir n'y faisait un peu défaut ; et par ce côté il se rapproche beaucoup des granulites.

Granulite.

Ces roches, où le mica et l'hornblende sont à peine apparents, comme je l'ai dit, se distinguent encore des granites par un quartz plus granuleux. Il est visible qu'au lieu de se mouler sur les autres éléments, il s'est d'abord, du moins en grande partie, isolé en grains ou cristaux bipyramidés. Leur teinte est généralement d'un beau rose. Elles dominent dans le massif qui sépare Saint-Clément de Grouville. Aux environs de Samarès, la pâte, à grain très fin, paraît compacte, presque pétrosiliceuse (1). Sa couleur générale tend vers le brun-marron, mais l'exposition à l'air fait ressortir des cristaux inégaux de teinte plus claire. Cette variété se rattache aux microgranulites des géologues français.

La granulite se montre encore entre Saint-Aubin et Saint-Brelade, à Beauport et au signal de la Moye. Mais dans ces localités la dimension des grains de quartz et des cristaux de feldspath est très variable. On en trouve depuis la grosseur du grain de sable jusqu'à celle de la noisette, et même les amas *pegmatoïdes* n'y sont pas rares. A ces granulites ou microgranulites on doit rattacher les nombreux filons roses ou rouges à grain très fin, qui sur tous les points de l'île, coupent les

(1) *Pétrosilex :* feldspath compact ayant l'apparence du silex ou de la pierre à fusil. On confond souvent ce nom avec celui d'*eurite*.

granites aussi bien que les diorites. Le quartz y est à peine visible quoique très abondant. J'attribue cette finesse de grain à la solidification rapide de ces veines, promptement refroidies au milieu des masses anciennes où elles pénétraient; et en effet, quand elles atteignent une certaine épaisseur, leur centre est plus granuleux que leurs bords, comme on peut le constater, à mer basse, à l'est du rocher de Montorgueil (1).

Mais c'est à Mont-Mado que se montre le type de la granulite. Elle y constitue les mines les plus activement exploitées de l'île. Quoique très dure, elle se laisse aisément tailler en blocs de toute dimension. On peut y distinguer d'abord un feldspath rose qui donne la teinte dominante et un feldspath blanc, seul sur certains points des carrières; ensuite le quartz vitreux en très grande proportion et enfin quelques paillettes de mica noir. Ces dernières forment parfois de petits nids, mais heureusement ils sont assez rares pour ne pas déprécier la pierre. Les déchets provenant des carrières

(1) L'endroit le plus remarquable pour ses veines de granulite, est la plage rocheuse des environs de la Rocque. Le rocher qui forme le milieu de la digue, avait été coupé par une tranchée de nivellement, où la mine, en enlevant le toit des veines, les avait laissées à nu sur leur mur. Elles étaient fendillées en petits quadrilatères ou autres figures géométriques rappelant ici un damier, là presque des signes hiéroglyphiques. Les plus apparents de ces signes y ont été recouverts par le remblai de la nouvelle digue. Mais auprès, du côté de la grève de Saint-Clément, un rocher de plusieurs mètres cubes, traversé en son milieu par une veine de granulite, a été arrondi par le frottement des galets. La veine, plus résistante que le granite porphyroïde, dépasse en forme de crête et donne au bloc l'apparence d'un immense casque de géant.

sont avantageusement employés pour l'empierrement des routes de cette partie de l'île.

A la distance d'un ou deux mètres la pierre de Mont-Mado semble toute tachetée de points noirs. Il n'en est rien. Ce sont les grains vitreux de quartz qui, à cause de leur transparence, ne renvoient à l'œil qu'un peu de lumière diffuse. Ils sont dans le feldspath ce que seraient de petites fenêtres vitrées multipliées dans la muraille d'une maison.

Au sud de Saint-Jean, près des Handois, la granulite a perdu sa teinte rose, par suite d'émanations sulfureuses ou au moins accompagnées de sulfure, ce qui, à mon avis, l'a rendue propre à la fabrication de la porcelaine. Les filons de quartz qui la sillonnent sont surtout imprégnés, comme une faible partie de la roche elle-même, de plaques écailleuses de *sulfure de molybdène.* La couleur, le peu de dureté et d'élasticité de la molybdénite, la font passer pour du plomb aux yeux des ouvriers de la carrière. La *pyrite martiale,* ou fer sulfuré, et la *chalcopyrite,* ou sulfure double de cuivre et de fer, ne se rencontrent qu'accidentellement dans ces filons quartzeux, où la molybdénite n'est pas elle-même très développée (1).

(1) Il y a quelques années, on s'est mis à exploiter au Pulec, près du village de l'Étacq, quelques veines de galène et blende (sulfures de plomb et de zinc); mais outre qu'elles étaient très peu importantes, la double marée de chaque jour était un obstacle insurmontable à la continuation des travaux. J'ai trouvé des traces de ces mêmes filons, au milieu des

2° ROCHES GRANITOÏDES.

Syénite.

J'ai dit plus haut qu'Ansted donne le nom de *syénite* à tous les granites de Jersey; mais cette appellation ne me paraît convenir, en rigueur, qu'au massif du sud-est de Saint-Hélier, c'est-à-dire à la bande granitoïde qui s'étend, depuis Rouge Road, à la sortie de la Ville, jusqu'à Longueville et au Radier. Encore le quartz y est-il parfois assez abondant. La granulite se montre aussi dans cette bande, principalement au nord du manoir de Longueville.

Cette roche n'a pas partout absolument le même aspect; à l'est, elle a le grain un peu plus fin; à Rouge Road, elle ressemble, par ses larges cristaux de feldspath, au granite porphyroïde de la Saline ou de la Moye. Sur plusieurs points, elle est exploitée comme gravier. A Longueville, la kaolinisation est assez avancée, et les cristaux sont mêlés de beaucoup d'argile;

schistes, à cinq ou six cents mètres plus au sud-ouest, au delà du Martello de l'Étacq.

La chalcopyrite se trouve à peine dans l'île; j'en ai pourtant un échantillon, et un autre fait partie de la collection du musée de la Ville. Ils proviennent de la carrière de spilite d'Homestead, dans la vallée des Vaux. Un vieillard m'en a montré un fragment trouvé, il y a cinquante-cinq ans, dans le creusement d'un puits, à Bel-Air, près Saint-Sauveur. Pour la pyrite de fer, elle est disséminée dans presque toutes les roches de couleur sombre de l'île, telles que schistes et diabases. Le morceau le plus considérable que j'aie rencontré vient du Mont-Cochon; il atteint à peine un décimètre cube.

mais on trouve aussi des nodules d'un gris noir, à l'intérieur desquels l'action de l'atmosphère s'est à peine fait sentir.

Diorite.

La diorite est une roche granitoïde, composée de feldspath plagioclase, presque toujours d'un blanc mat, et d'amphibole hornblende, d'un vert foncé jusqu'au noir (1). Elle contraste, par sa couleur gris sombre, avec les granites ou granulites rougeâtres, auxquels elle est mêlée ou juxtaposée. Elle se montre dans deux massifs principaux, l'un au nord, l'autre au sud.

Le premier commence à la Plaine, se développe à Sorel, et s'étend vers l'est, jusqu'au delà de Rosnez. Il pénètre dans Mourier Bay, et affleure même en un point de la baie de la Saline.

Rosnez, sans doute Nez roussi, semble tirer son nom de cette particularité, que son extrême pointe, composée de granite, est rougeâtre, tandis que le reste garde la couleur sombre de la diorite. Quelque chose de semblable se voit aussi aux autres pointes de ces mêmes parages. L'ensemble de ce massif est du reste complètement pénétré par le granite. A l'ouest de Sorel, dans un commencement de carrière, des morceaux globuleux de la roche sont empâtés dans un granite porphyroïde, et donnent un tuf auquel l'action atmosphé-

(1) Diorite, c'est-à-dire à double aspect ou couleur.

rique a ôté sa consistance. Le haut des falaises a conservé de grosses masses arrondies de diorite, immenses têtes grises, émergeant des bruyères et des ajoncs.

Le second massif comprend une partie des rochers d'Elizabeth Castle, de la Pointe des Pas et de la Colette, ainsi que la plupart des écueils qui défendent la baie de Samarès (1).

L'île Verte ou de la Motte et la pointe de Rock Berg présentent les types les plus curieux de cette pierre. Les cristaux noirs d'hornblende, semblables à du charbon luisant, y sont très développés (2). La colline qui borne Samarès à l'est, et s'étend de Look Out à Grouville, est un des terrains les plus mêlés de l'île. Avec le porphyre microgranulitique et la granulite dont j'ai parlé, il contient beaucoup de diorite. C'est principalement dans cette dernière roche qu'est ou-

(1) Une coulée d'eurite grise, où l'on distingue quelques rares lamelles de mica noir, a pénétré l'extrémité du rocher sur lequel s'élève le Fort du Sud. Elle s'est intimement soudée au granite ; mais le rapide refroidissement de ses bords, au contact de la roche encaissante, les a laissés pétrosiliceux, presque vitreux. Le reste, au contraire, où les cristaux ont pu se développer, a pris la texture granitoïde.

Dans quelques-unes des roches basses de la Pointe et du Havre des Pas, en particulier à Fort d'Auvergne, la diorite, par la quantité de mica noir qu'elle contient, semble passer au Kersanton.

La carte indique une autre petite masse sous le nom d'eurite grise, au nord de l'île, entre le Côtil et la Saline. Le caractère de cette roche est peu marqué. Peut-être ne faudrait-il y voir que du grès fedspathique altéré par la granulite. Les longues tranchées que la mer y a creusées, semblent favorables à cette hypothèse.

(2) Souvent à la laisse de haute mer ou dans les ondulations du sable, le long de la grève d'Azette, s'aligne une poudre noire, comme à Saint-Malo on voit la poussière de mica. On se demande si elle ne viendrait

verte la petite tranchée du chemin de l'arsenal de l'est, au sortir de la plaine de Longueville, ainsi que la tranchée plus importante de la route de Saint-Clément, à un demi-kilomètre à l'ouest de l'église. Parfois, dans la grève d'Azette, le feldspath fait presque complètement défaut, et la roche passe à l'amphibolite.

La diorite fait place au granite porphyroïde dans la grève de Saint-Clément, depuis Pontac jusqu'au delà de la Rocque, mais elle se montre de nouveau au sud et à l'est de la tour Seymour. Lors même que la couleur grise ou rougeâtre des diorites ou des granites disparaît sous la couche serrée des balanes qui couvrent les écueils de la plage, il est aisé de distinguer les deux roches entre elles. La diorite se présente en blocs prismatiques échelonnés les uns sur les autres, tandis que le granite offre généralement des amas aux contours plus arrondis.

Dans toute cette formation la diorite est pénétrée par la roche granitique qui y entre parfois en minces filets. Le long d'Elizabeth Castle, on se croirait en présence d'une brèche composée de gros blocs sombres et anguleux pris dans une pâte de teinte rose. A l'Hermitage, le mélange paraît moins désordonné, et de la digue on

pas de la démolition des diorites du large. Mais outre la grosseur de certains grains qui ne pourraient provenir que d'une roche broyée et non simplement usée par les galets, la densité spécifique de cette matière noire montre qu'elle est composée de charbon. Elle est fournie par les cendres rejetées des foyers des vapeurs et par le poussier de la cale et du pont des navires chargés de charbon.

aperçoit les deux roches alternant en assises parallèles. Ces assises où domine la diorite, plongent légèrement à l'est et à l'ouest, des deux côtés du rocher, comme si un axe de soulèvement, de direction nord-sud, avait passé par Elizabeth Castle et l'Hermitage. Ces mêmes rochers et ceux de la baie de Samarès sont injectés de veinules vert-jaunâtres d'épidote.

La diorite, comme je l'ai dit plus haut, n'a reçu qu'un commencement d'exploitation sur l'anse de la Houle à l'ouest de Sorel, mais on en a beaucoup extrait des récifs de la baie de Samarès. C'est du moins ce que semble indiquer l'inspection de ces rochers eux-mêmes, aussi bien que la nature des pierres employées dans le talus incliné qui protège la plaine contre les hautes marées. Certains murs de clôture de ces parages sont aussi construits avec des roches de la grève.

Des trente et quelques pierres qui composent le le monument mégalithique de Mont-Ubé, une douzaine sont dioritiques; les autres proviennent vraisemblablement du granite porphyroïde de la grève de Pontac.

Actuellement, auprès du manoir de Samarès, dans une grande carrière de porphyre microgranulitique, exploité surtout pour l'empierrement des chemins, on extrait une très belle diorite. La même coulée a été découverte de l'autre côté de la colline, près de la tour de Look Out. La pierre est magnifique, mais elle se débite assez difficilement et son extraction doit être très coûteuse. La façade de la chapelle indépendante de la rue Victoria, ainsi que le mur d'entrée et une partie de la chapelle du cimetière mixte, sont construits en diorite. La même roche se retrouve encore à la maison du capitaine du port. On a commencé à en expédier quelques chargements en Angleterre pour faire du macadam.

Quand on a déblayé la terre au-dessous de Look Out pour découvrir la roche, on a trouvé des blocs aux angles émoussés, semblables à ceux que j'ai signalés plus haut dans les falaises de Sorel. C'est là d'ailleurs un caractère très marqué des roches granitiques et granitoïdes. Des blocs ou des noyaux résistent aux influences de l'atmosphère, et les graviers qui les enveloppent montrent bien comment la destruction s'est progressivement propagée tout autour. Il y a, sur ce point, un préjugé assez répandu même parmi les personnes qui ne manquent pas d'instruction. On se figure difficilement que des roches comme le granite puissent se décomposer sous la seule influence de l'atmosphère. Voici, à ce propos, ce que me disait un ouvrier de cette carrière de Look Out : « Ces roches-là, Monsieur, ce sont des gourmandes : elles se sont nourries plus vite que les autres. Si on attendait quelques années, tout ce gravier qui les entoure se changerait en pierres solides. Car, voyez-vous, Monsieur, les roches, c'est comme les arbres, *ça grandit.* » Comme je n'avais pas l'air très convaincu, il m'apporta une preuve, à son avis, sans réplique. « En

France, car je suis Français, moi, la roche était molle dans une carrière ; on lui laissa trois ans pour se nourrir et elle devint dure. — C'était peut-être du tuffeau; lui dis-je. — Oui, Monsieur. »

Je vis bien vite que je perdrais mon temps en voulant lui faire comprendre qu'il y a de la différence entre une roche cristalline comme la diorite, et une pierre amorphe et humide, qui se dessèche quand la carrière est ouverte.

Puisque j'en suis aux préjugés concernant les pierres, voici une autre leçon d'un ouvrier. — « Cette pierre blanche résistera-t-elle bien, » demandait-on un jour, à l'un des maçons qui bâtissent l'église française catholique à Saint-Hélier (1). — « Oui, Monsieur; elle vient de France, et vous voyez qu'elle est blanche; *la lune* n'y mordra pas, sur celle-là. Ce n'est pas comme cette pierre jaunâtre qu'on a mise dans le grand collège, là-haut; c'est tout de suite dévoré par la lune. » Terrible lune ! ce n'était pas assez de s'exercer à roussir les jeunes pousses au mois d'avril, il fallait qu'elle se fît encore rongeuse, pour dévorer les pierres jaunâtres.

La théorie n'est pas nouvelle ; on disait au seizième siècle : « Espérant planter deux colonnes sur ce tombeau, non de tuffe venteuse, que la lune et l'hyver

(1) Cette pierre blanche n'est employée qu'à l'intérieur de l'église ; le granite ou pierre de taille de l'extérieur vient aussi de France, de Plerguer, je crois, en Ille-et-Vilaine.

puissent geler, mais d'un marbre de vérité, de qui le temps ne void la fin. » (D'Aubigné, *Hist.*)

La seule différence est qu'on met ici l'hiver et la gelée de la partie. C'est qu'en effet, en hiver, comme au printemps, la gelée a lieu, d'ordinaire, durant les belles nuits, où la lune n'est pas voilée par les nuages. Mais ce qui, peut-être, plus que tout le reste, aura contribué à faire mettre la dégradation des pierres au compte de la lune, c'est que, dans nos contrées, la pluie, qui joue en cela le principal rôle, comme je vais le dire tout à l'heure, frappe les murailles surtout du côté du sud, c'est-à-dire du côté visité par la lune.

Le collège auquel le maçon fait allusion est Victoria College. La pierre de taille est du calcaire. Il est actuellement creusé, par places, à une profondeur de six centimètres, tandis que le granite porphyroïde a gardé son relief et sa fraîcheur. Il y aura une ressource : ce sera, de remplir, à temps, les vides avec du ciment. Cette roche ne pouvait résister. Elle est tendre; c'est du carbonate de chaux; elle est poreuse : autant de défauts graves, pour la place qu'elle occupe. La pluie chassée par le vent emporte mécaniquement des parcelles de pierre; de plus elle ruisselle sur la muraille, et l'acide carbonique qu'elle contient lui donne la propriété de dissoudre le carbonate de chaux. Enfin elle pénètre dans la pierre, avec le sel marin qu'elle apporte, quand elle est chargée des embruns soulevés par les tempêtes. Ce sel entretient l'humidité nécessaire à l'action continue de l'acide carbonique, et accidentellement à l'action de la gelée (1).

Je n'ai constaté nulle part comme à Jersey cette action de l'acide carbonique. Les murs de clôture sont bâtis à la chaux comme les maisons; mais ils ne sont pas, comme elles, protégés par le ciment ou la peinture. Aussi sont-ils, en très peu de temps, recouverts de longues et larges traînées de carbonate de chaux, partant des interstices des pierres où la chaux a été déposée.

3° PORPHYRES QUARTZIFÈRES ET EURITIQUES. PYROMÉRIDES (2).

Ce vaste terrain s'étend sur un quart environ de la surface de l'île. Il comprend toute la bande nord-est, sauf l'extrémité de Rozel et de Sainte-Catherine, occupée par un conglomérat ou poudingue. C'est la roche

(1) Le nitrate d'argent, complètement neutre à la pluie des temps calmes, donne un abondant précipité de chlorure d'argent avec la pluie des tempêtes. Celles-ci répandent, chaque année, sur l'île, plus de cinq cent mille kilogrammes de sel marin. Naturellement, cette grande proportion de chlorure de sodium se révèle aussi dans l'eau des fontaines, où il est apporté, non seulement par les embruns de la mer, mais encore par la tangue et surtout par le varech qu'on répand si largement sur les terres. Les mêmes causes, avec la formation d'une certaine quantité de calcaire, résultant de la décomposition des granites, fournissent à l'eau de Jersey une quantité convenable de carbonate de chaux. Quant au sel marin, son abondance est évidemment sans inconvénient, puisqu'il faut encore en ajouter pour l'alimentation.

(2) Pyromérides : partagées dans le feu (?), formées dans une pâte en fusion.

à peu près exclusive de la Trinité. Elle couvre aussi la moitié de Saint-Martin et de Grouville, dans leurs parties limitrophes; de même pour Saint-Sauveur et Saint-Hélier.

M. de Lapparent l'a caractérisée en ces termes :

« Toute cette bande est constituée de roches porphyriques, où domine un porphyre pétrosiliceux brun-chocolat, à texture fluidale, souvent bien marquée, et parfois à séparations prismatiques comme celles des porphyres pétrosiliceux des Vosges (1). Outre la teinte brune, le porphyre peut offrir, avec une grande compacité et un grain indiscernable, des couleurs diverses, jaune clair, verdâtre, grisâtre, etc.

« Sur la limite septentrionale, depuis la tour d'Archirondel jusqu'à Havre-Giffard, la bande porphyrique change de caractère : sans cesser d'être d'un brun foncé, elle devient très compacte, très dure, et est parsemée de petites veinules blanches de calcédoine. En examinant la roche avec attention, on reconnaît que la calcédoine tapisse des fissures perlitiques, isolant, parfois, des noyaux sphériques. Mais ce caractère devient surtout tranché, au nord, près

(1) Ces prismes sont ordinairement à cinq pans plus ou moins égaux. Les côtés de la base atteignent jusqu'à 1 décimètre. La longueur des prismes peut être indéfinie. On les trouve, à peu près horizontaux, formant comme des marches d'escaliers, à Blanche-Pierre, à la Crête et à Archirondel. Dans cette dernière localité, du côté de la pointe qui regarde la baie de Sainte-Catherine, le porphyre prend parfois l'aspect d'un jaspe brun clair.

de Boulay Bay. En ce point, c'est une véritable pyroméride, qui se développe avec des noyaux très nets, ayant en moyenne un ou deux centimètres de diamètre, mais dont quelques-uns atteignent vingt-cinq centimètres. Sur tous, on observe une très belle division en couches ou écailles concentriques, de un à deux centimètres d'épaisseur au moins, séparées par des filets de calcédoine. Les plus gros noyaux sont souvent vides à l'intérieur, et la cavité centrale est occupée non seulement par de la calcédoine, mais par du quartz en cristaux pyramidés très nets quoique jaunâtres et non limpides (1).

« On peut dire que ce type de pyroméride dépasse en netteté et en dimensions tout ce qui a été décrit jusqu'ici. Il est remarquable qu'il ait échappé si longtemps à l'attention, n'étant connu scientifiquement que depuis la description de M. Davies, faite sur des échantillons qui, d'ailleurs, étaient loin d'en représenter les plus belles variétés. Nous ne croyons

(1) Les plus beaux échantillons se trouvent à l'est de Boulay Bay, à la Tête des Hougues. J'en ai rencontré un de 22 centimètres de diamètre, sans cavité intérieure, formé de quatorze couches concentriques alternantes et à peu près égales de feldspath et de calcédoine. C'est encore du même endroit que j'ai retiré le globule de 45 centimètres de diamètre, qu'on peut voir dans ma collection. Quoique coupé presque par la moitié et un peu creux, il pèse encore 65 kilogrammes. Avant la découverte de ces pyromérides de Jersey, on n'avait pas signalé, je crois, de globule dépassant la grosseur du poing. Si, au lieu de gros sphérolithes, on cherche des roches parsemées de globules, qui y forment comme des yeux, on les trouvera parmi les cailloux roulés de Boulay Bay, mais principalement dans deux petites anses, à l'ouest de la jetée.

même pas faire un jugement téméraire, en supposant que c'est cette roche qui, vu la compacité et la forme arrondie de ses parties, a dû être qualifiée par Ansted *d'ancien conglomérat.* Car cet *old conglomerate* est indiqué juste aux points où affleure la pyroméride, laquelle n'est pas mentionnée dans le travail en question.

« Dans les environs de Havre-Giffard, la pyroméride est bréchiforme, et prend les allures d'une argilolithe (1). »

Le rocher qui domine la falaise, à l'ouest de Boulay Bay, un peu au delà du fortin, est presque en entier composé de globules très calcédonieux, variant de la grosseur d'une noisette à celle du poing ; mais on en trouve aussi d'une trentaine de centimètres de diamètre. Il paraît, qu'en comparant ces sphérolithes au silex souvent concentré autour d'un oursin, ou autre matière organique, on a cru qu'à Jersey, les terrains n'étaient pas complètement dépourvus de fossiles. Mais d'abord, c'était se méprendre sur la nature des por-

(1) A Havre-Giffard et à Boulay Bay, ces roches qu'Ansted appelle *vieux conglomérat* en ont, en effet, assez l'apparence quand elles sont usées par la mer. Elles doivent cet aspect à la différence de dureté et de couleur des parties dont elles sont formées; mais à l'intérieur, rien ne les distingue des porphyres et des pyromérides. Ce qui différencie la *brèche* du *poudingue,* c'est que, dans la première, les fragments sont anguleux, et dans le second; ils sont arrondis. *Conglomérat* s'applique aux deux sortes de roches. D'une pâte éruptive, saisie à son apparition par les agents extérieurs, ou englobant des parties déjà solidifiées, il résulterait un *tuf.* Quelques morceaux de tufs pétrosiliceux de Havre-Giffard ont pu facilement être pris pour un conglomérat.

phyres, roches éruptives où aucun organisme n'aurait pu se développer. Ensuite, il n'est pas nécessaire d'assigner une matière organique comme point de départ à la concentration moléculaire. Durant le refroidissement du porphyre un grain de feldspath, par exemple, s'est solidifié ; il grossit, en irradiant, par l'adjonction de la substance de même nature qui l'enveloppe. C'est comme un essai de cristallisation, où le dépôt commencé attire, de proche en proche, les molécules similaires, répandues autour de lui. En passant ainsi à l'état solide, le feldspath s'est séparé de l'excès de silice qui y était mêlé ou combiné : et là où la matière calcédonieuse était assez abondante, elle a empêché les grandes cavités, en comblant les interstices laissés par le retrait de la roche feldspathique. Il est remarquable, en effet, que ces grandes cavités, au centre des globules même les plus développés, ne se rencontrent qu'aux endroits où le terrain est à peine sursaturé de silice, par exemple, à la Tête des Hougues; tandis que de l'autre côté de Boulay Bay, où la roche est très acide, les globules ne sont jamais vides à l'intérieur.

Quant aux cristaux pyramidés de quartz, qui tapissent les parois des cavités, ils ont pu se former par une exsudation subséquente de la silice, comme on l'admet pour les géodes.

J'ai vu d'autres roches de Jersey, où les apparences de fossiles se réduisent à des dendrides ou arborisations. Elles sont toutes purement superficielles. Les unes proviennent seulement de l'oxydation du fer ou du manganèse, à la suite d'infiltrations aqueuses dans les fissures de la pierre. Les autres sont dues, en outre, à des racines; on les trouve dans la partie supérieure des carrières, principalement au milieu des champs de bruyère; telles sont les empreintes du Jardin d'Olivet, sur la côte nord.

Enfin, il arrive que certains échantillons de ces mêmes porphyres, présentant au plus haut degré la texture fluidale, sont tellement fibreux, qu'ils feraient aisément croire à une tige pétrifiée.

Transon a compris sous le nom de *grès* tout ce qu'il a vu de ces porphyres pétrosiliceux. Ansted les appelle souvent *quartzite*, et les autres noms qu'il emploie, suivant les localités, se rapportent toujours, d'après ses propres définitions, à une roche siliceuse. De fait, si l'on était réduit à l'inspection de tel ou tel échantillon, il y aurait danger de se méprendre, et le nom de *grès*, ou encore mieux de quartzite, serait justifié; mais l'ensemble du terrain, si parfaitement caractérisé dans presque toute son étendue, ne permet pas une dénomination qui ferait soupçonner une roche de sédiment. Ce qu'on peut dire en général, c'est que cette roche est un feldspath sursaturé de silice, d'où lui est venu le nom de porphyre quartzifère, et si par places la silice domine, ailleurs l'eurite renferme à peine quelques petits cristaux de quartz disséminés dans sa masse.

D'ailleurs, la kaolinisation, qui semble avoir provoqué quelques doutes dans l'esprit de Transon, sur la nature de cette formation, devrait, à elle seule, empêcher de ranger cette roche dans la série siliceuse. Presque partout, à la surface, la décomposition laisse de l'argile ; elle est même très épaisse sur les plateaux d'où la pluie n'a pu l'entraîner. Dans certains cas, la couleur blanche que prend la roche en se décomposant, est assez pure. C'est en particulier ce qui se voit, à Rock Mount, au-dessus de Boulay Bay ; là, on se croirait aisément au milieu d'une région calcaire.

L'exploitation des porphyres pétrosiliceux et euritiques est générale dans l'île. La carrière d'Archirondel a dernièrement fourni des blocs pour la construction du quai de Gorey. D'ordinaire, cependant, cette roche est destinée à l'empierrement des chemins, et elle donne d'excellents résultats. Il serait difficile de nommer tous les points d'extraction. Voici les principaux : la Crête et Anneville, à l'est ; Jardin d'Olivet, Mont au Poids et Frémont, sur la côte nord ; Blanche-Pierre et la Commune, au sud-est de la Trinité ; Belles-Roches, dans la vallée des Vaux, etc.

Au monument druidique situé entre Anne-Port et Montorgueil, neuf grosses pierres granitiques sont plantées debout en circonférence : sur cinq d'entre elles, s'étend une table horizontale en porphyre brun-chocolat, à texture fluidale bien visible. Elle peut peser vingt mille kilogrammes.

Une autre pierre appartenant au même terrain, mais se rapprochant du quartzite et dite Pierre de la Fételle (1), se voit sur le monticule qu'on a devant soi, en arrivant au bas de la rue à la Dame, au nord de Five Oaks. Si on passe le pont, et qu'on remonte la petite vallée, on trouvera le bloc derrière la maison bâtie à l'entrée, sur le côté gauche de la route. Elle est couverte d'un beau lierre arborescent. La manière dont elle repose sur des pierres détachées, montre qu'elle a été dressée intentionnellement à cet endroit. Sa forme est à peu près cylindrique, et son poids doit dépasser celui de la table de Montorgueil. Malgré cela le travail de la pose a été peu considérable, car elle est à peine élevée de terre de quelques centimètres, et ce n'est qu'un bloc détaché des pierres adjacentes.

(1) Les Féteaux ou Fétiaux, je le tiens d'un cantonnier âgé de soixante-cinq à soixante-dix ans, étaient un peuple de toute petite taille, qui habitait autrefois Jersey. Ils ont disparu, on ne sait ni pourquoi ni comment, il y a environ cent ans. Sa mère à lui, quand elle était toute jeune, avait encore vu une petite Fételle. Cette race de nains vivait sous terre; chacun peut voir, sur différents points de l'île, leurs maisons et leurs églises bâties en grosses pierres. On ne s'étonnera pas qu'ils aient pu remuer ces énormes blocs, si on pense que leur force tenait du surnaturel. Ils étaient, du reste, bienfaisants et de mœurs très douces. Par exemple, le vieillard tient de personnes dignes de foi, qui elles-mêmes l'ont appris des anciens, qu'un jour, les Fétiaux servirent un festin de leurs gaufres chaudes, à des laboureurs qui travaillaient au-dessus de leurs souterrains. Un des villageois avait senti la gaufre et témoigné le désir d'en manger. Ils sont un instant éblouis, et puis aperçoivent une table richement servie. Tous prennent part au repas; mais l'un d'eux manque de délicatesse et met dans sa poche un couteau d'argent. La table disparaît comme elle est venue, et l'on reprend le travail. Cependant une voix souterraine suit le sillon tracé par le voleur : « Mon

4° VEINES DE DIABASE (fig. I, p. 39).

Une des particularités les plus curieuses qui attirent les regards quand on fait le tour de l'île, à mer basse, ce sont les veines de couleur vert foncé, à grain souvent indiscernable, qui traversent les granites rougeâtres. Les auteurs anglais les appellent *greenstones*, à cause de leur couleur; les géologues français les ont autrefois décrites sous le nom de veines *dioritiques;* mais aujourd'hui, par allusion, je pense, à leur mode d'apparition à travers les autres roches, ils les nomment *diabases*. La diabase diffère de la diorite en ce qu'elle contient du pyroxène au lieu de l'amphibole.

A Jersey, la plupart de ces veines ne dépassent guère un mètre en épaisseur; cependant, on en voit qui atteignent jusqu'à cinq mètres. On ne saurait les suivre longtemps, dans le sens de la longueur, si ce n'est sur

couteau d'argent, mon couteau d'argent », jusqu'à ce qu'il l'ait planté en terre, d'où il disparait aussitôt, saisi par une main mystérieuse et invisible. Le fait s'est passé dans la région où est maintenant l'arsenal de l'est. — Il m'a paru intéressant de reproduire ces idées populaires sur l'origine de nos monuments préhistoriques. On reconnait, dans les Fétiaux, les Poulpicans ou nains de l'Armorique. Je demandai au narrateur, dont la conversation est tout à la fois pleine de finesse et de bonhomie, s'il croyait à ces histoires. La réponse m'a laissé la persuasion qu'il y a chez lui une certaine conviction; mais il ne s'est pas formalisé de mon incrédulité pourtant assez apparente, et il m'a raconté comment, dans son enfance, quand le menu billon était sans effigie, il avait essayé, mais sans succès, de fabriquer des pièces avec un métal trouvé à Bel-Air, dans le creusement d'un puits. C'est la chalcopyrite dont j'ai parlé plus haut.

une plage rocheuse, entre Pontac et la tour Seymour, par exemple, ou bien encore lorsqu'elles longent une côte, comme cela se rencontre au-dessous du signal de la Moye. La veine en cet endroit a deux ou trois mètres de largeur, coupe les deux pointes de la Fosse-Vourin et reste visible, sur une longueur de quatre à cinq cents mètres. Il serait impossible de les représenter toutes sur une carte, sans leur faire une trop large part relativement à la place qu'elles occupent en réalité, mais on aura une idée de leur nombre en jetant les yeux sur la figure I ci-jointe. Le contour de la côte représenté par cette portion de la carte comporte un développement de trois kilomètres, et on compte jusqu'à quatre-vingts filons dans cet espace. Je me suis appliqué à n'en omettre aucun, et à en bien assigner la position et la direction. L'épaisseur seule est nécessairement exagérée. Il est évident d'ailleurs que des deux côtés de Noirmont, on n'a que des fragments des mêmes veines traversant la colline.

Parmi ces veines, il en est une plus remarquable que toutes les autres et facile à distinguer; car, par exception, elle contient des cristaux bien visibles de couleur vert pâle. Elle est aussi plus ancienne que les autres, puisque, sur plus d'un point, elle est coupée par les veines ordinaires à grain fin. Cela se voit notamment à l'Hermitage de Saint-Hélier. Au Fret, pointe extrême de la baie de Saint-Brelade du côté de l'est, elle se divise en deux branches de quatre à cinq mètres de largeur.

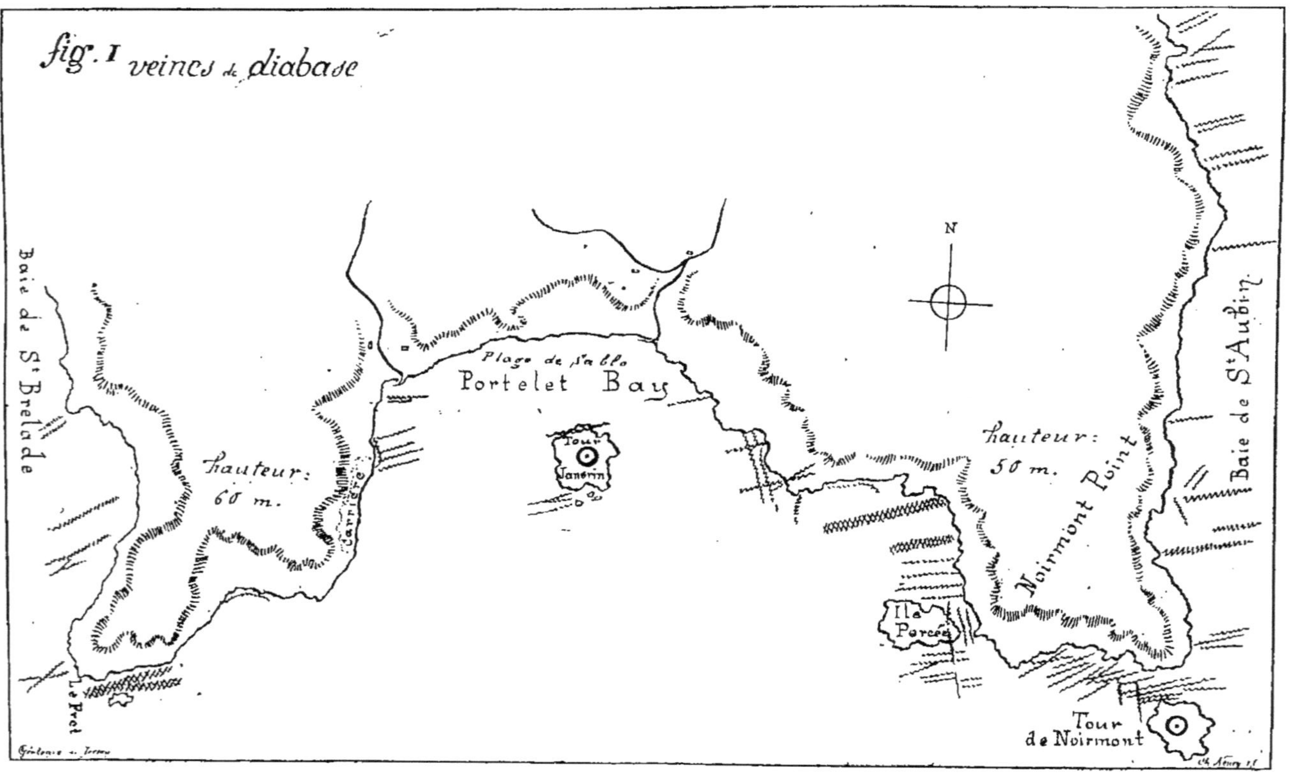
fig. I veines de diabase
N
Plage de sable
Portelet Bay
Tour Janvrin
hauteur: 60 m.
Carrière
Baie de St Brelade
Le Pret
hauteur: 50 m.
Noirmont Point
Baie de St Aubin
Ile Percée
Tour de Noirmont

C'est à l'ablation de la branche sud qu'est dû, à mer haute, l'isolement du rocher de la pointe. Elle traversait toute la baie du Portelet, au sud du tombeau de Janvrin, et les deux branches se montrent sous Noirmont, au nord de l'Ile-Percée. En prolongeant la veine septentrionale à travers Noirmont et la baie de Saint-Aubin, on reconnaît qu'elle doit passer au sud d'Elizabeth Castle. En effet elle affleure à l'Hermitage de Saint-Hélier (fig. II, p. 45.) Elle en coupe le rocher près du pied de la petite rampe qui donne accès à la grotte, et elle se prolonge sur plus de deux cents mètres de chaque côté, jusqu'à l'extrémité des roches basses qui s'étendent dans la direction de Noirmont, et à l'opposé, dans la direction de la Ville. C'est sans doute à la branche sud de cette même veine, qu'il convient de rattacher le court tronçon conservé près de la balise, dans les roches les plus éloignées de la Pointe des Pas, à l'entrée de l'avant-port.

Les galets, le sable, une ablation plus profonde ou un affleurement moins élevé, expliquent suffisamment pourquoi on ne la retrouve pas à l'est de Noirmont; mais l'identité certaine de la portion du Fret avec celle de l'ouest du promontoire et de l'Hermitage, lui assure au moins cinq kilomètres de longueur. Cela n'étonnera personne, puisque sur les côtes voisines, dans le Cotentin, on en connaît qui atteignent dix kilomètres.

Cette veine n'est peut-être pas absolument unique à Jersey. J'ai vu en effet à Petit-Port, au nord de Corbière, quelques galets de même apparence; mais l'espèce doit être bien rare; car des géologues de profession m'en ont demandé à plusieurs reprises. Elle a été exploitée à l'Hermitage même, et aussi du côté du rocher qui regarde la Ville. C'est avec cette pierre qu'on a bâti les murs du bureau de la bascule ou « weigh bridge », de l'entrée du port. La pyrite de fer, dont elle est imprégnée, lui donnera en peu de temps une teinte de rouille.

Deux autres veines méritent une mention spéciale pour les sphérolithes qu'elles contiennent. Ce fait n'a rien d'extraordinaire en soi; car on en voit ailleurs de semblables, notamment à Aurigny. Mais à Jersey ces sphérolithes ne se montrent, à ma connaissance, que dans un filon de la pointe de Noirmont et dans un autre du Portelet, à gauche du petit sentier qui descend à la grève. Ils ont de un à trente centimètres de diamètre. Les divisions concentriques, peu marquées d'ailleurs, semblent provenir plutôt de la décomposition périphérique que d'une concentration autour d'un point. Pour moi, je suis tenté d'y voir des espèces de bombes volcaniques qui, lancées dans l'air ou dans l'eau au moment de l'éruption, seraient retombées solides dans la masse encore pâteuse et y auraient été englobées. D'autres n'y verront peut-être que le résultat d'une fragmentation par retrait de la masse éruptive.

Il n'est guère de points de la côte où l'on ne puisse

aisément trouver des veines de diabase. Il faut excepter pourtant le nord-est de l'île, depuis Anne-Port jusqu'à Frémont; c'est-à-dire la partie occupée par les porphyres pétrosiliceux et le conglomérat. A la pointe entre Montorgueil et Anne-Port, la diabase a traversé un porphyre de couleur grise, se rapprochant assez du porphyre pétrosiliceux ordinaire, mais d'un aspect plus foncé et provenant d'un épanchement plus ancien.

Je n'ai rencontré qu'une seule veine dans le porphyre pétrosiliceux, mais elle doit être rangée parmi les porphyrites micacées. Elle traverse une petite carrière de la vallée du nord de Saint-Sauveur, sous la propriété de Vermont.

Les veines de diabase fussent-elles nombreuses dans les schistes, on les distinguerait difficilement à cause de leur couleur. Elles n'y font cependant pas complètement défaut. A la seule pointe qui ferme, à l'est, la baie de Belcroûte, deux filons coupent presque perpendiculairement les couches schisteuses, et le rocher isolé qui dans cette même baie marque le passage des schistes aux granulites, est encore divisé par une de ces veines. Deux autres, larges de 1m,50 à 2 mètres, se rencontrent sensiblement à angle droit, à vingt pas au sud-est du fort de Saint-Aubin. Leur érosion a donné lieu à des tranchées dans la masse schisteuse.

Les plus rapprochées de Saint-Hélier, sont au Mont de l'Ouest, dans la carrière de Cheapside; au Mont du

Sud, dans la tranchée du chemin de fer près de la gare; et enfin dans les rochers de la Pointe des Pas. Là le club de natation a profité de l'érosion de l'une d'elles, à une vingtaine de mètres de la digue projetée, pour préparer un sentier en lopins de ciment. Tout près de là on voit encore une veine très large qui, prolongée à travers la même digue, va probablement rejoindre celle qui passe au sud du rocher de l'Hermitage et qui s'étend plus loin du côté de Noirmont dans les rochers de la plage.

La plupart des veines de diabase sont verticales, c'est-à-dire dans la position d'une muraille; il en est pourtant d'inclinées et même d'horizontales. Ces dernières offrent un intérêt tout spécial, comme je le prouverai plus loin.

S'il fallait leur assigner une direction générale, je dirais qu'elles courent de l'est à l'ouest. Mais de fait, souvent elles se croisent, et il ne pouvait en être autrement, vu leur mode d'apparition à travers les fentes des roches plus anciennes.

Un plan géologique détaillé des terrains de Jersey montrerait des lignes sombres formant un réseau analogue à celui des chemins qui en coupent la surface. Mais, à en juger par le rapprochement et la direction des veines actuellement visibles sur les côtes, les mailles du réseau formé par la diabase seraient de beaucoup les plus serrées, quelque multipliées que soient les routes dans plusieurs quartiers de l'île.

5° VEINES DE PORPHYRITE MICACÉE (fig. II).

Ce nom est nouveau ; il a été donné par M. Michel Lévy à une roche que beaucoup d'auteurs ont jusqu'ici décrite sous le nom de *minette*, bien que le mica noir et l'oligoclase en forment le fond (1). L'exposition à l'air rend cette roche très friable et y détruit en grande partie la couleur sombre pour lui donner l'aspect d'un sable d'or mêlé d'argile. Des lamelles de mica noir ou brun-marron y atteignent jusqu'à deux centimètres carrés de surface, et la pâte grise contient parfois des traînées feldspathiques de couleur rouge violacé.

Ces filons sont incomparablement moins nombreux que les veines de diabase, et je ne penserai pas en avoir omis beaucoup, quand j'aurai nommé ceux du Mont de l'Ouest, « Westmount », et du Fort du Sud, d'Imperial Hotel ou Saint-Louis, de la carrière sous Vermont et du chemin de Saint-Clément au moulin de Grouville, de Montorgueil et de la Crête Point, du fort de Rozel et de la Plaine, du Trou du Diable, de l'anse du Crabbé et de la Grève au Lançon, du chemin de Saint-Ouen à la mer et de Bouilly-Port entre les Jetures et les Creux-Fantômes, avec celui de la pointe qui limite Belcroûte Bay du côté de Saint-Aubin ;

(1) La *minette* se compose de mica brun et d'orthose. Elle tire son nom de la *mine de fer* qui lui est parfois associée.

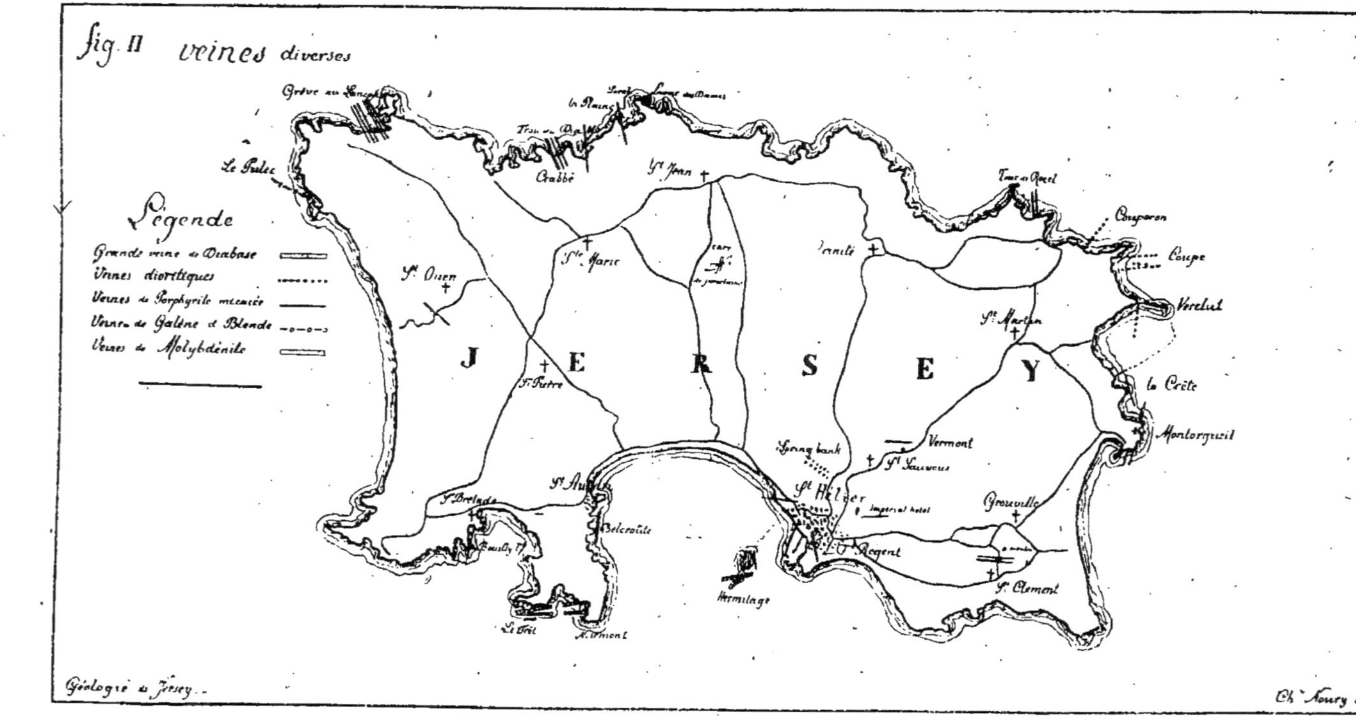
fig. II veines diverses
Légende
Grande veine de Diabase
Veines dioritiques
Veines de Porphyrite micacée
Veines de Galène et Blende
Veines de Molybdénite
JERSEY
St Ouen
Ste Marie
St Jean
St Pierre
St Aubin
St Brelade
Belcroute
Le Pulec
Crabbé
Vereluk
la Crête
Montorgueil
Coupe
Tour de Rozel
St Martin
Vermont
St Sauveur
Spring bank
St Hélier
Imperial hotel
Regent
Grouville
St Clément
Hermitage
Le Fret
Noirmont
Géologie de Jersey
Chr Noury 89

enfin j'indiquerai un dernier filon de porphyrite à Elizabeth Castle, à 100 mètres à l'est de l'entrée des fortifications. La direction de presque toutes ces veines est sensiblement du nord-ouest au sud-est.

La veine du Fort du Sud est une des plus épaisses; elle n'a pas moins de trois mètres de puissance. On peut la voir dans la tranchée du chemin de fer construit autrefois pour l'exploitation de la carrière. Sa direction est sensiblement nord-sud, et elle passe à 6 mètres à l'est du petit fort qui couronne le rocher. Encore assez compacte et presque noire au centre, elle n'a plus sur les bords qu'une faible consistance et elle y prend un aspect terreux. La veine du Mont de l'Ouest est très endommagée. Elle est cependant assez visible sur le chemin de People's Park au nouveau cimetière. Dirigée de l'est à l'ouest, elle croise la route à l'endroit où commence le mur d'enclos de la maison carrée. On la voyait autrefois près du petit escalier qui descend de la hauteur à People's Park, mais aujourd'hui elle a disparu sous la végétation.

Dans l'enclos d'Imperial Hotel, un petit tunnel est dû à la friabilité de la porphyrite micacée.

Les veines de Saint-Clément sont à 200 mètres environ de l'église, à mi-côte, en remontant vers le moulin de Grouville. Bien que décomposées dans toute leur masse, elles font cependant saillie sur le chemin. Leur direction est du nord-ouest au sud-est; elles sont à 20 pas l'une de l'autre.

A Montorgueil, le filon dont la direction nord-sud passe entre le fort et les ruines qui couvrent la pointe nord-est du massif granitique, est visible des deux côtés sur une trentaine de mètres. Au nord, dans l'anse du Petit-Portelet, il se bifurque, puis plonge sous le rocher et reparaît au sud en deux branches amoindries. Pour la porphyrite de la Crête, je doute qu'on puisse la voir longtemps encore; car l'extrémité de la colline qu'elle traverse fournit une roche activement exploitée pour les chemins. Elle n'est déjà plus qu'au niveau de la route, et disparaît sous les débris de la carrière.

Parmi les innombrables fractures de la partie basse du conglomérat entre le fort et la Tour de Rozel, deux paraissent un peu plus régulièrement tranchées que la plupart des autres. Elles sont parallèles, de direction nord-sud, à 50 mètres de distance l'une de l'autre. La plus éloignée de la pointe du fort en est à une centaine de pas. Le long de ces fentes, profondes et larges d'un mètre environ, on trouve des restes de porphyrite à texture sphérolithique. Cette texture apparaît aussi dans le filon de la Crête; mais elle sera décrite plus loin à propos d'une veine de la Grève au Lançon, où elle se montre d'une manière plus remarquable. La porphyrite qui limite à l'est la pointe de la Plaine a produit, sous l'action de la mer, une fente dont le sol répond, par ses deux étages, aux terrasses de basse et de haute mer.

De tous ces filons celui du Trou du Diable est le plus intéressant. Qu'il me suffise ici de dire que les gros blocs micacés tombés au fond du vaste entonnoir, ne sont que des morceaux détachés de la veine.

Les filons de porphyrite du Crabbé, au nombre de trois, pénètrent jusqu'au fond de l'anse. Tous d'un grain très fin, non seulement ils ont aussi bien résisté que le granite dans la grève des cailloux roulés, mais deux d'entre eux ont même laissé des dykes ou murailles en saillie au pied de la falaise. On a ces dykes à droite en arrivant au bas de la descente. Le plus considérable limite à l'ouest une tranchée creusée dans la diabase, et il appartient à la veine qui coupe le petit massif granitique resté dans la partie basse de la plage. La diabase, à cet endroit, contrairement aux autres filons de même nature, présente de petites cavités tapissées de cristaux. Je pense que cette particularité doit se rattacher à un commencement de métamorphisme produit par l'éruption de la porphyrite.

Bien qu'il y ait une assez grande différence entre la couleur verte de la diabase et la couleur grise ou brune de la porphyrite, ces deux roches sont moins distinctes dans la falaise que dans la grève. L'action de l'atmosphère les recouvre en effet également d'argile, tandis que le frottement des galets maintient toujours à nu la roche vive, avec la couleur qui lui est propre. Des granulations, plutôt prismatiques que sphérolithiques, se montrent sur différents points de ces veines de porphyrite, et la roche est de plus imprégnée de carbonate de chaux.

Quand on entre dans la Grève au Lançon par le pont de planches, on a sur la droite un rocher coupé presque à pic. Le long de sa base apparaît une première veine de porphyrite rendue spongieuse par l'affouillement de la mer. La première cave, près du pont, doit son existence à une autre veine de même nature. Les restes verdâtres en sont très visibles à la clef de voûte et au fond de la grotte.

La seconde cave, dont la chute d'eau barre un peu l'entrée, et dont un long couloir forme le prolongement vers la mer, provient de la même cause.

Ici la veine est moins visible, elle se montre seulement le long de la muraille de droite, en regardant le fond de la cavité. Parfois même elle est complètement cachée sous les galets; mais il en reste un tronçon assez considérable et très compact sous le câble télégraphique, dans le couloir, en dehors de la grotte.

Si l'on continue de longer la côte en allant vers l'ouest, on trouve bientôt une autre veine de même sens que la précédente, coupant le rocher grisâtre, sur lequel sa teinte de rouille la fait trancher. Elle a 80 centimètres d'épaisseur, et forme une espèce de gouttière. Ce qui lui donne un intérêt spécial, c'est que la partie concave de la gouttière est entièrement constituée de petites granulations rondes, pisolithiques, recouvertes d'oxyde de fer, qui ont plus ou moins résisté pendant que l'eau en affouillait les interstices. Ces globules sont surtout feldspathiques et ne dépassent pas 4 millimètres de diamètre. Je suppose qu'au moment de son éruption, cette veine resta plus longtemps liquide en son centre que sur ses bords, ce qui permit au feldspath de se concentrer en granulations.

Ces globules sont en réalité plus durs que le reste du filon, mais le mica qui les sépare se laissant facilement entamer, ils se trouvent détachés un à un, et la rigole se creuse dans l'intérieur de la veine. Des traînées d'oxyde de fer, formant patine sur les roches, se voient dans les fissures avoisinant cette veine.

L'aspect de la porphyrite de la Grève au Lançon rappelle celui de l'émeri; il n'est donc pas étonnant qu'on ait pu s'y tromper à première vue; mais sa densité n'est que 24 tandis que celle de l'émeri est 40; au chalumeau elle donne un verre mat, gris-verdâtre, et se laisse aisément rayer : autant de caractères qui la séparent nettement de l'émeri.

Deux autres veines de porphyrite, dont l'une a 1^{m},80 d'épaisseur, coupent la côte un peu plus vers l'ouest; mais ce n'est pas à elles qu'on doit les grandes grottes, dont l'axe est d'ailleurs dans une direction différente. Ces grottes plus éloignées du pont se rattachent sans doute à des veines de diabase parallèles à celles qu'on voit à la coupée de la pointe de Plémont; elles sont dirigées du nord-est au sud-ouest, tandis que les veines de porphyrite courent toutes du nord-ouest au sud-est.

Les autres veines de porphyrite, à Elizabeth Castle, à Bouilly-Port et à Belcroûte Bay, sont très friables et exposées à disparaître promptement sous les galets. L'emplacement de la dernière a donné lieu à une tranchée parallèle à deux filons de diabase situés entre elle et la falaise.

6° VEINES DIORITIQUES (fig. II, p. 45).

Au nord de la baie de Sainte-Catherine, en face de la carrière d'où sont sortis les matériaux de la digue, une tranchée et une petite grotte se sont formées par la disparition presque complète d'une veine. Bien que dans le peu qui en reste on aperçoive encore quelques cristaux noirs au milieu d'une pâte jaune-verdâtre, la roche est trop décomposée pour qu'on puisse en déterminer la nature. Il ressort d'ailleurs évidemment des veinules latérales que ce n'est pas une enclave mais une veine d'intrusion. Dans Fliquet Bay, 100 pas au sud de la Coupé, il y a une autre veine, large de trois mètres, dont les salbandes reproduisent la précédente; le centre au contraire est assez bien conservé, et de longues aiguilles d'hornblende font reconnaître une veine dioritique. En s'ouvrant un passage dans le conglomérat, elle l'a pénétré et soudé plus intimement, peut-être même fondu jusqu'à un mètre de distance.

L'ablation de la veine et des murailles enveloppantes n'est pas due tout entière à l'action de la mer : on y a employé la mine.

Quelques pas plus au nord, une veinule de la même éruption, épaisse d'un décimètre au plus, très compacte, et de couleur verte, longe les roches qui ferment au sud la crique de la Coupe. Sa direction prolongée sous la mer rencontre la grande veine, dont elle n'est qu'une ramification. La pointe de la Coupe ellemême se termine brusquement au sud par une tranchée creusée dans une veine de 80 centimètres d'épaisseur, semblable pour la couleur et la décomposition au filon de Sainte-Catherine. Enfin plus au nord encore, 250 mètres au sud du Couperon, une dernière veine pénètre, comme les précédentes, perpendiculairement dans la falaise. Tous ces filons passeraient facilement inaperçus, si les tranchées plus régulières qu'ils ont déterminées dans le chaos des blocs du conglomérat, n'attiraient l'attention du géologue.

Je crois devoir rattacher à cet épanchement dioritique deux petites veines qui coupent le porphyre argileux sur un autre point de l'île. Elles se montrent dans la vallée des Vaux, sous Spring Bank (p. 45), à gauche en remontant la route. Leur épaisseur ne dépasse pas 50 centimètres et leur couleur d'argile tranche peu sur la roche encaissante. L'état de décomposition où leur surface est arrivée ne permet pas de les reconnaître à première vue; mais leur analogie avec la veine de

Sainte-Catherine et les salbandes de la Coupe, m'a donné l'idée de les comparer au chalumeau. Elles s'y conduisent de la même façon : fusion assez difficile, verre noir-verdâtre, un peu bulbeux.

ROCHES SÉDIMENTAIRES.

1° CHLORITOSCHISTE.

Une roche, qui doit sans doute à son peu de développement d'avoir jusqu'ici passé inaperçue, est le chloritoschiste de Vicart Point et de Petit-Port, à l'ouest de Boulay Bay.

C'est une pierre verdâtre, douce au toucher, d'une schistosité encore marquée malgré le contact des porphyres pétrosiliceux. Avec de la chlorite, du quartz et du talc, on y trouve une assez grande quantité de pyrite de fer. Elle occupe la côte et la grève sur une longueur de huit cents mètres environ, et sa profondeur dans les terres n'atteint pas cent mètres en moyenne. Au fond même de Vicart Harbour, elle est interrompue par le conglomérat et le porphyre, et à la pointe qui ferme Petit-Port à l'ouest, elle est pénétrée par un épanchement de ce même porphyre assez siliceux en cet endroit, comme en plusieurs autres, pour rappeler un quartzite ordinaire.

2° SCHISTE OU GRÈS FELDSPATHIQUE.

La principale région sédimentaire de Jersey est comprise, quoi qu'on en ait dit, entre les massifs granitiques du sud-ouest et du nord-ouest et elle s'étend depuis la baie de Saint-Ouen jusqu'au chemin qui relie Saint-Hélier à Bonne-Nuit par Sion Chapel. Cette bande mesure au moins sept kilomètres en longueur sur une largeur moitié moindre; sa grande dimension est de l'ouest à l'est. Elle est pénétrée par le prolongement granitique qui descen dau sud de Sainte-Marie jusqu'à la Hague Mill; mais en revanche elle s'étend en pointe du côté de Saint-Hélier et enveloppe une partie de la ville.

Des lambeaux assez considérables de cette roche sont restés intacts au fond de la baie de Grouville et sur les hauteurs de Gorey. De plus, en bien des points de l'île, dans les carrières, ou dans les talus des chemins, on voit des bandes schisteuses qui ont été englobées par les roches éruptives, principalement aux environs du manoir de Longueville et de la vallée du Radier. A Saint-Hélier même, la carrière à gravier de Rouge Road en présente en ce moment un exemple, mais il peut disparaître d'un jour à l'autre.

Dans les vallées qui s'ouvrent sur la baie de Saint-Ouen, et encore plus sur la baie de Saint-Aubin, la stratification et la texture feuilletée de cette formation sont parfaitement conservées. Il y a une alternance singulière dont la loi, si elle existe, m'a échappé jusqu'ici. Les premières couches, de 1 à 10 centimètres d'épaisseur, et d'un grain indiscernable, sont répétées un grand nombre de fois, séparées ou soudées entre elles. Leur nature aussi arénacée qu'argileuse en fait presque de la lydite. Les divisions sont assez souvent rhomboédriques, mais la cassure des petits fragments est conchoïde. Cette roche se délite aisément à l'air. Les autres couches, dont l'épaisseur varie de cinq centimètres à $1^{m},50$, se rapprochent beaucoup des roches cristallines et le nom de grès feldspathique leur convient parfaitement; le grain, en effet, est très visible.

La teinte de la roche est d'un gris bleuâtre; ce qui, joint à sa dureté assez grande, la fait parfois employer avec d'autres matériaux d'une couleur plus claire, pour les murs qui soutiennent les grilles à l'entrée des maisons de campagne. Ces petites clôtures, construites en prismes rectangulaires, roses et bleuâtres symétriquement mêlés, sont d'un joli effet. On utilise de la même manière, et peut-être avec encore plus de succès, la diorite et la diabase.

Cependant le grand usage des grès feldspathiques est pour l'empierrement des routes, et c'est naturellement aux environs de Saint-Laurent, de Saint-Aubin et de Saint-Pierre qu'on les rencontre le plus souvent. Bien des murs de jardin sont aussi bâtis avec ces schistes fins ou grenus, et les stalactites provenant de la chaux des jointures s'étalent à leur surface et pénètrent dans leurs fissures en une multitude de minces filets entrecroisés. La cassure des schistes grenus est la même que celle des schistes fins, et c'est par exception que la roche se divise en longs prismes. Cette particularité remarquable, visible il y a deux ans dans la partie nord de la carrière du Moulin-Tesson, me paraît tenir à un métamorphisme local; car au même endroit, on trouve aussi des veines assez épaisses de calcite et de quartz avec de la pyrite de fer.

Les strates de cette formation sont plus ou moins déviées de l'horizontalité primitive : en général elles plongent vers le sud-est (1). Aux environs du Mont-Cochon et du Mont-Felard, les couches sont redressées presque verticalement, et leur série me semble assez continue, au bas de la vallée de Millbrook, depuis Half Way jusqu'au premier étang, pour autoriser à conclure que la puissance du dépôt est supérieure à mille mètres.

A cet endroit de la vallée, c'est-à-dire à un kilomètre environ de la mer, et près du grand chalet dernièrement construit sur la rive droite du ruisseau, la direction

(1) Un habitant de Saint-Ouen me disait que la roche devait être différente des deux côtés de la vallée de la Mare; car elle s'enlève par larges plaques au sud dés massifs, tandis qu'au nord elle vole en petits éclats. L'explication est aisée. Au nord on attaque la tranche des strates, au sud au contraire on découvre et on exploite les couches une après l'autre. Cette inclinaison est due sans doute à l'apparition des granites du nord-ouest de l'île.

des strates change de 80 à 90 degrés. Leur ligne de plus grande pente se porte du sud-est au nord-est et cette direction se continue en remontant la vallée jusqu'au Mont-Misère. Une pareille disposition des couches concorderait avec un soulèvement dirigé de l'ouest à l'est et s'accentuant dans les environs de Blanche-Pierre ou de la Rousseterie, au nord du Mont-Cambrai. Au contact immédiat des roches granitiques, par exemple à Victoria College, et au-dessus de Saint-Aubin en remontant la vallée, la structure schisteuse s'efface entièrement ou ne laisse apparaître qu'une surface rubannée. A l'Étacq la schistosité subsiste, mais la roche a pris une teinte violacée et une grande dureté.

L'ensemble de cette formation qui, comme on le voit, se rattache à celle de Granville en Normandie, reste toujours le même, sauf la différence du grain et l'épaisseur des strates, comme si l'eau qui les déposait avait suivi dans sa puissance sédimentaire des alternatives de saison. De fait au Mont-Felard, dans la tranchée du chemin de Saint-Laurent, les deux sortes de couches se succèdent presque aussi régulièrement que si l'une était due à l'été, l'autre à l'hiver. Cependant, puisque nous sommes en présence d'une formation marine, et que d'ailleurs les saisons ne semblent pas avoir existé à l'époque dont il s'agit, c'est à la succession des mortes eaux et des vives eaux, ou bien des calmes et des tempêtes, qu'il convient d'attribuer cette différence dans la composition des strates. Aux environs de Saint-Hélier où il semble, d'après l'inclinaison moins prononcée, que nous ayons la partie supérieure de la formation, la roche à gros éléments est plus rare que dans la vallée de Millbrook.

A Bellozane Valley, en aval de Fliquet Mill, le schiste vient de recevoir une nouvelle application : on l'emploie pour la fabrication de la brique. Un broyage préalable de la matière, suivi d'un moulage sous forte pression, prépare les petits prismes à la mise immédiate au four. Ces deux opérations principales de broyage et de moulage se font à la vapeur, et bien que l'entreprise ne fasse que de commencer, elle pourrait déjà fournir, dit-on, de quinze à vingt mille briques par jour.

3° SCHISTE MÉTAMORPHIQUE.

Presque tous les schistes de Jersey ont, à différents degrés, subi quelques modifications depuis leur formation primitive. Néanmoins les changements survenus n'ont vraiment altéré le caractère de ce dépôt qu'en des régions assez limitées. Comme, dans ce dernier cas, l'effet produit n'a pas été partout le même, je diviserai en deux classes ces roches de métamorphisme. J'appellerai les unes *spilites,* par analogie avec les spilites de Bretagne, et je réserverai pour les autres le nom de *porphyres argileux.* C'est la dénomination employée par Transon pour désigner tous les schistes métamorphiques de Jersey, plus de dix ans avant qu'Ansted les qualifiât de *claystone porphyries.*

Spilite.

Parmi les spilites elles-mêmes, on peut distinguer plusieurs variétés : les unes, à pâte verdâtre, sont parsemées de cristaux de feldspath rectangulaires, atteignant parfois deux centimètres de longueur. A première vue, on se croirait en présence d'un mélaphyre, et cette manière de voir paraîtrait être confirmée par la subordination bien connue des mélaphyres et des porphyres pétrosiliceux. Mais il a été reconnu que les cristaux sont de l'orthose et non du labrador, et qu'ils sont remplis de particules de calcite. D'autres sont violacées, et les cristaux très nombreux ressemblent à des mouchetures. Enfin il en est qui, avec la teinte noire ou un peu verdâtre, sont plus ou moins marquées de cristaux blancs de calcite spathique, de grains quartzeux et de cavités remplies d'argile ferrugineuse. Ces dernières particularités se rencontrent du reste, à divers degrés, dans toutes ces roches qui, toutes aussi, peuvent se trouver dans la même carrière, comme il arrive par exemple à Homestead, sur la droite en remontant la vallée des Vaux.

Exposée à l'air, la pâte des spilites se désagrège aisément; elle prend une teinte de rouille, et parfois la disparition de la calcite, et l'oxydation de la pyrite constituent une surface criblée de vacuoles. Les longs cristaux verdâtres de feldspath ne disparaissent pas; mais ils se kaolinisent et laissent le fond de la roche tachetée de bâtonnet gris-blancs d'une argile à peu près pure. On peut le voir en particulier à l'entrée du chemin de la Trinité au-dessus de Town Mill. Dans une carrière de Water Lane près d'Imperial Hotel, les traits grisâtres sont souvent remplacés par de larges taches diffuses, provenant de cristaux plus enchevêtrés et moins régulièrement délimités, ou bien encore vus dans le sens de leur largeur.

Les spilites sont particulièrement développées autour de Saint-Hélier. Elles forment le Mont de l'Ouest, affleurent à l'entrée des chemins de la Trinité et de Saint-Sauveur, et se retrouvent encore plus haut dans les deux vallées auprès des moulins d'Augres et de Grandval. Elles donnent une petite pointe au-dessus du Moulin-Blanc ou de la Reine, au nord de Grouville, ainsi qu'au-dessus de Gorey, près de la chapelle de secours. La côte septentrionale de l'île leur doit toute la grande pointe, comprise entre Petit-Port et Havre-Giffard, à l'exception de la partie intérieure de l'anse des Rouaux, où les schistes n'ont pas subi de métamorphisme. Enfin elles ont gardé une bande assez importante à l'ouest de la Crête dans Bonne-Nuit Bay. La spilite est actuellement exploitée surtout pour l'empierrement des chemins, par exemple à People's Park et près du moulin de Grandval. C'est elle aussi qui a fourni, au moins en grande partie, les remblais du talus construit pour le chemin de fer, entre Cheapside et la Première-Tour. Une carrière d'exploitation est devenue un petit jardin fermé, au pied de la colline, en face d'Elizabeth Castle. Peut-être a-t-on pris aussi dans cette carrière les gros blocs de spilite, qui, mêlés aux granites, forment le revêtement de la chaussée entre Fort d'Auvergne et la Pointe des Pas. Bon nombre de murs de clôture, dans la partie nord de Saint-Hélier, contiennent toutes les variétés de spilites, et il est aisé de voir qu'elles passent d'une manière insensible aux schistes primitifs. La carrière de Highland, à droite de la route de Saint-Sauveur, paraît avoir, dans le passé, avec les carrières toujours en activité du Mont de l'Ouest, très largement contribué à ces constructions de moindre importance.

A quelle cause maintenant attribuer le changement des schistes en spilites. Et d'abord est-il bien sûr qu'elles ne sont pas une roche d'éruption? De ce que j'ai dit jusqu'ici il me semble assez légitime de le conclure; mais de plus j'ajoute cette remarque importante, que là où elles ne passent pas insensiblement aux schistes, elles sont au moins en contact immédiat avec eux.

Transon pencherait à croire que l'apparition des granites de Fort-Régent aurait produit cette modification du dépôt sédimentaire. Pour moi, tout en reconnaissant que l'action des syénites et des granites n'a pas été complètement nulle, ce n'est pourtant pas à ces roches que j'attribue le métamorphisme dont il s'agit. En maint endroit en effet les schistes sont non seulement pénétrés, mais encore enveloppés par les syénites et les granites, sans qu'il en résulte rien de comparable à nos roches cristallines. Par exemple, à Victoria College et aux carrières de Longueville, le métamorphisme est presque nul, comparé à ce qui s'observe au bas de la vallée de Saint-Sauveur, où les granites ne se montrent pas; et des schistes situés entre les deux localités, comme ceux de Beaulieu et d'Imperial Hotel, sont restés parfaitement intacts. Une enclave dans la syénite de Rouge Road se rapproche cependant des spilites caverneuses.

Dans la vallée qui remonte de Saint-Aubin à Greenville, le contact des granites et des granulites non seulement a durci les schistes, mais il a même fait disparaître leur schistosité; et malgré cela, on n'y voit aucun développement de la cristallinité qui distingue les spilites. Ces dernières roches ne se montrent point non plus dans les environs de l'Étacq, où les schistes ont été si fortement durcis par la présence des granites. Le seul endroit des régions de l'ouest où le schiste ait une certaine apparence de porphyre, est dans la descente des Barracks de Saint-Pierre à la baie de Saint-Ouen. Faut-il attribuer ce résultat aux granites du sud-ouest? Je ne le crois pas; car dans l'intervalle, au Mont de la Brune, le schiste reparaît sans aucune altération.

Les porphyres pétrosiliceux me semblent au contraire avoir puissamment contribué aux changements survenus dans les schistes. Excepté au Mont de l'Ouest, et au bas de la vallée de Saint-Sauveur, c'est-à-dire aux deux endroits où les longs cristaux sont le plus développés, on peut constater partout le voisinage des porphyres et des roches métamorphiques. C'est ce que prouve surabondamment la seule inspection de la carte géologique; car dans cette recherche de la cause du métamorphisme, je ne sépare pas les spilites des porphyres argileux dont je parlerai tout à l'heure. La particularité des grands cristaux de feldspath me paraît due tout entière à la diorite. Cette roche est en effet très voisine de Saint-Hélier, puisqu'elle occupe toute la grève depuis Elizabeth Castle jusqu'à Samarès. Elle présente un petit affleurement auprès des spilites à longs cristaux du Moulin-Blanc. Si de cette dernière localité on passe à Gorey, on voit encore la diorite pointer dans le chemin qui descend au village. J'avoue que le métamorphisme, produit par cette roche, n'a pu se transmettre depuis la Pointe des Pas jusqu'au bas de la vallée de Saint-Sauveur, par contact latéral; car il y a entre ces deux points, dans la région de la Pouquelaye, des schistes très bien conservés; mais c'est à l'action verticale et non horizontale que j'attribue les changements produits. Quelle que soit du reste la roche à laquelle on les rattache, il faudra bien s'arrêter, pour certains points, à ce mode de propagation. Parfois, en effet, le passage du schiste naturel à la roche métamorphique est si brusque, et l'altération resserrée dans un espace si étroit, qu'on ne peut en rendre compte que par un dénivellement local, ou par une cheminée d'ascension des gaz chauds provenant des profondeurs. Cette transition brusque qui suppose une matière rejetée de l'intérieur, au moins à l'état pâteux, est manifeste au Mont de l'Ouest entre la maison carrée et People's Park; la spilite commençant dans la carrière au même niveau que les schistes, s'étend ensuite à leur surface. Le même phénomène s'offre à deux endroits du parc d'Imperial Hotel. Mais le point de l'île le plus remarquable pour la brusque transition du schiste naturel au schiste métamorphique, est, sans contredit, l'anse des Rouaux, à l'est de la Belle-Hougue. La roche primitive constitue la falaise déprimée du centre de la petite baie, tandis que les deux pointes avancées appartiennent au schiste altéré. Le plateau rocheux du fond, couvert seulement à mer haute, se partage en deux parties bien distinctes. — C'est d'abord un triangle de schiste primitif, à couleur sombre, appuyé par sa base sur le pied de la falaise centrale. Deux longues tranchées, partant des extrémités de la base et formant les côtés du triangle, le séparent nettement de l'autre roche à teinte plus claire. Celle-ci fournit le reste de la partie basse, et elle relie ainsi les deux pointes dont elle n'est que le prolongement latéral à travers l'anse et en avant des schistes.

Les fentes de séparation proviennent évidemment d'une faille de glissement élevant les spilites au-dessus des schistes. Les lèvres de la faille, légèrement séparées, ayant livré passage à la mer, elle a, sur 1 à 2 mètres de largeur et 3 mètres de profondeur, arraché ou plutôt usé le bord schisteux, reconnaissable au fond de la tranchée.

Une autre particularité de la pointe de la Belle-Hougue, c'est qu'à certaines places, elle semble passer à la diorite et plus souvent encore à la syénite. On pourra trouver ces deux roches dans une large tranchée, située immédiatement au-dessous du vallon qui donne accès à la grève. Elles y sont soit à l'état de blocs, soit formant les parois de la partie basse de la fente (1). La pointe entière en est d'ailleurs comme incrustée. La Belle-Hougue s'étendait évidemment bien plus au nord dans les temps anciens, et son soubassement se prolonge encore, à fleur d'eau, jusqu'à un demi-kilomètre. Serions-nous aux confins d'un massif syénitique emporté par la mer? Je n'oserais ni l'affirmer ni le nier. Il y a en effet une autre explication qui n'est pas dénuée de probabilité. Il est certain qu'à cette pointe, il s'est produit un épanchement granulitique; une bande de cette roche, large de 6 mètres, se voit le long de la tranchée dont je viens de parler; on en trouve aussi de l'autre côté de la pointe, à la partie nord du

(1) Une grue avait été établie, à mi-côte, pour monter le varech que chaque marée laisse dans cette fente. On l'a retirée en 1885.

gros rocher isolé à mer haute. Cette granulite contient de la pyrite de fer; ce qu'on observe aussi dans les roches amphiboliques voisines. Peut-être toutes les particularités de métamorphisme et de dislocation de cette localité se rattachent-elles à cette apparition de la granulite.

Porphyre argileux.

Dans tout le plateau dont Five Oaks ou la Croix de Bois est le centre, et sur une bande qui s'étend de là vers l'est entre la Tour du Prince et le Boulivot, jusqu'à la vallée de l'asile des malades ou Ferme de Sa Majesté, les schistes métamorphiques, sans trancher nettement sur les spilites, s'en distinguent cependant par l'absence du carbonate de chaux, et par la grande quantité de pyrite de fer dont ils sont le plus souvent imprégnés.

La surface de cette roche est partout d'une teinte argilo-ferrugineuse; mais les parties qui n'ont pas été exposées aux influences de l'atmosphère sont ordinairement bleuâtres, et la pâte, presque pétrosiliceuse, est parsemée de cristaux diffus d'un feldspath vert pâle. La pyrite ne s'y est développée que secondairement; car elle y forme des traînées plutôt qu'elle n'est mélangée à la masse.

La décomposition a pénétré à une grande profondeur. Dernièrement on en pouvait suivre les progrès dans une tranchée rafraîchie de la vallée de Saint-Sauveur, à la porte de Grandval Mill. La surface était une argile assez pure, mais elle a passé, après quelques semaines d'exposition à l'air, à une teinte d'ocre et de rouille; plus bas, la pierre, à demi décomposée, est divisée en fragments, et la pluie, pénétrant dans les interstices, s'est d'abord attaquée aux arêtes pour les émousser. En gagnant peu à peu, elle a formé comme des globules de toute grosseur jusqu'à trois décimètres de diamètre. C'est en particulier sur ces globules qu'on reconnaît l'action de l'atmosphère ; on y trouve depuis l'argile blanc-jaunâtre de Five Oaks, à la périphérie, jusqu'au porphyre bleu avec sa pyrite grise, au centre.

Plusieurs globules plus ou moins soudés entre eux, sont enveloppés par la pâte argileuse et présentent ici et là comme des masses agglomérées. A première vue, on se croirait sur une ancienne plage à cailloux roulés : une matière pâteuse les aurait réunis et il en serait résulté un tuf; mais il n'en est évidemment rien. Ces globules de décomposition se voient aussi dans une autre tranchée de la même roche, près du Moulin de Bas, au-dessous de la Trinité, ainsi qu'en remontant vers Saint-Sauveur, au sortir de la petite vallée qui passe sous Saint-Manelier Free School.

Les caractères de l'argile, à la Croix de Bois, me font croire qu'elle n'a pas d'autre origine que la décomposition de ce porphyre bleu plus ou moins reconnaissable dans les vallées environnantes. Une roche extrêmement dure, se rattachant vraisemblablement au même terrain, mais dans laquelle le métamorphisme aurait été porté jusqu'à la fusion, s'est présentée dans la plus considérable des exploitations d'argile du plateau. La kaolinisation n'a pu avancer dans cette bande, et malheureusement la nature de la pierre ne la rend pas propre à compenser la perte qui résulte de l'interruption de la masse argileuse.

Le porphyre bleu a été employé, sous forme de petits blocs rectangulaires, à la construction d'une ou deux grandes maisons de ces parages. Il se voit aussi dans les piliers de la petite entrée de Victoria College, à la partie basse du parc. Sa teinte est assez agréable, quand la cassure est fraîche; mais bientôt elle se ternit et prend une couleur de rouille. Du reste l'abondance de la pyrite dont cette roche est chargée doit y entretenir l'humidité, et, selon toute apparence, la masse en deviendra caverneuse par suite de l'oxydation du fer.

Pour ne pas multiplier sans profit les subdivisions des terrains, je rattache à ce nom de porphyres argileux toutes les roches qui, en dehors des spilites, proviennent du métamorphisme des schistes, et dont la texture porphyrique est plus ou moins accentuée. On les rencontre sur différents points de l'île, le plus souvent en relation immédiate avec les porphyres pétrosiliceux.

4° CONGLOMÉRAT DE ROZEL (1).

Le conglomérat ou poudingue constitue la partie extrême de l'île au nord-est. Il s'étend depuis Archirondel jusqu'à l'est de Boulay Bay. C'est une bande de quatre kilomètres de long sur un au moins de large, en moyenne. Il a, de plus, laissé une longue traînée dans les porphyres, suivant la vallée du fief de Rozel. Vers l'intérieur des terres, il s'appuie partout sur le porphyre pétrosiliceux, et quoique les couches de dépôt soient peu apparentes, on les distingue cependant assez, pour voir qu'elles plongent de 30 à 35 degrés vers le nord-est (2). Le point le plus commode pour les observer est à l'est de Boulay Bay, entre la Têtedes Hougues et l'Étaquerel. Elles sont également assez visibles un peu plus au nord, à la Tour de Rozel, ou encore, dans le chemin qui descend des Gaudins à la baie de Sainte-Catherine. Partout, du reste, dans cette formation, on reconnaît assez facilement que les grands axes des galets sont, à chaque niveau, situés dans un même plan.

Les galets sont de toute grosseur, depuis le grain de

(1) Dans les environs de Rozel, cette roche est connue sous le nom de Bréha, terme dont l'origine m'est inconnue; peut-être devrait-on le rattacher à un mot breton, *braca*, qui signifie *broyer*.

(2) The conglomerate behind and near S. Catherine's harbour dips about 30° E.-N.-E. (ANSTED).

sable jusqu'au bloc d'un demi-mètre cube (1). Ces derniers, détachés les uns des autres, se voient en assez grand nombre sur les plages un peu étendues. Ils proviennent de la destruction du conglomérat par les vagues; car tandis que les minces cailloux ont été usés ou dispersés, les blocs, descendant toujours à mesure que leurs assises s'écroulent, restent étalés sur la grève ou accumulés au pied des falaises. Ce sont, pour la plupart, des blocs granitiques; les porphyres pétrosiliceux et les chloritoschistes ne manquent pas non plus dans le conglomérat; mais ce qui constitue, au moins pour les dix-neuf vingtièmes, la masse, soit des galets, soit du ciment, ce sont les débris roulés du schiste cambrien.

Les éléments gros ou petits prennent ordinairement, à la surface de séparation entre eux et le ciment, une teinte ferrugineuse; mais si l'on casse le caillou, on voit reparaître la teinte verte des schistes naturels et plus souvent la couleur violacée des schistes durcis. Le ciment est précisément ce que donnerait aujourd'hui sous la meule le schiste broyé de Bellozane Valley, mêlé avec un peu de poussière des porphyres pétrosiliceux. Les traînées, en petites couches, de matière rose violacé n'y sont qu'accidentelles.

(1) Une pièce remarquable provenant, m'a-t-on dit, du conglomérat, est conservée à l'entrée de la digue de Sainte-Catherine. C'est une sphère granitique de 0m,90 de diamètre et du poids de 1,000 kilogrammes environ. Elle s'est trouvée au contact d'un porphyre lamellaire, comme il s'en rencontre au Jardin d'Olivet : les écailles collées à sa surface en sont la preuve.

A l'est de Boulay Bay, sous la Tête des Hougues, entre les porphyres et le conglomérat, s'intercale une brèche identique, dans la pâte et les fragments, au porphyre sur le pied duquel elle repose. Ici où là se rencontrent des blocs couchés à plat, dans le sens de l'inclinaison des porphyres et pesant plusieurs centaines de kilogrammes; mais la plupart des fragments dépassent à peine le volume d'une grosse noix. Tous entièrement anguleux, ils semblent avoir été simplement formés sur place (1). La puissance de ce premier dépôt est de quatre à cinq mètres avec une inclinaison d'une quarantaine de degrés.

Ensuite, sur une même épaisseur, se superpose une série de couches alternantes de gravier et d'une terre rouge argilo-siliceuse. Quelques grains de gravier sont déjà un peu roulés. L'épaisseur de chaque couche est d'abord de deux ou trois centimètres; mais bientôt le gravier augmente de grain et d'épaisseur, l'argile diminue, et finalement le passage au conglomérat, sans être brusque, se manifeste d'une manière assez tranchée. Alors la composition chimique elle-même est très nettement modifiée : dans les dix premiers mètres de soubassement, la composition est porphyrique, et c'est à peine si dans la seconde moitié apparaissent quelques grains de schiste roulé. Mais dès qu'arrivent

(1) Il est probable que cette brèche est sans relation avec le conglomérat. Elle se sera formée à la surface des porphyres au moment de leur éruption.

les éléments ordinaires du conglomérat, avec les morceaux de porphyre déjà roulés, se montrent à peu près également les schistes et les blocs de granite, dont quelques-uns ne pèsent pas moins d'une tonne. A une plus grande distance du massif éruptif, les porphyres sont moins abondants et cèdent presque complètement la place aux schistes; les granites eux-mêmes se rencontrent moins souvent aux environs de Rozel, et beaucoup moins encore du côté de Sainte-Catherine. Je dirai plus loin, comment, selon moi, s'est produite cette remarquable formation.

La tranchée de la route creusée sur le flanc de la colline, dans la vallée qui descend de l'Étaquerel à Rozel, laisse apercevoir au-dessous de Carmel Chapel, une série de couches alternantes de gravier et d'argile, analogues à celles de la Tête des Hougues. Mais ici l'ensemble ne dépasse pas deux mètres d'épaisseur et c'est la partie argilo-schisteuse qui domine. Quelques autres petites traînées de même apparence se voient encore, quoique très rarement, le long des talus des chemins creusés dans le conglomérat. Des remous locaux, dans les eaux où se faisait le dépôt, expliquent suffisamment ces particularités.

J'ai essayé par les plus basses marées de découvrir les assises inférieures du conglomérat et je n'ai pu y parvenir. Ce qui me paraît le plus probable, c'est qu'il ne repose pas sur le granite au moins immédiatement. D'abord le long de la marge opposée à la mer, il s'appuie sur le porphyre, comme il a été dit plus haut; de plus, près du manoir de Rozel, le vallon du parc laisse voir à nu le porphyre argileux sous le poudingue, et deux cents mètres plus bas, en descendant la vallée du fief, le schiste stratifié affleure dans la prairie, sur une longueur d'une vingtaine de mètres. Je suis donc porté à croire que le conglomérat repose sur les schistes naturels ou métamorphiques.

On peut remarquer sur la carte qu'il reste un pâté assez considérable de poudingue dans la vallée, entre la Trinité et Boulay Bay. Par tout son contour, et vraisemblablement aussi par sa base, il est limité dans une dépression du porphyre. Le bord inférieur de cette sorte de cuvette porphyrique constitue un petit seuil dans la vallée, à l'endroit où la route tournante de Rock Mount traverse le ruisseau. Au même endroit, sur les deux versants de la vallée, le conglomérat a été exploité comme gravier; et la carrière du coteau nord, malgré les éboulis, montre nettement les couches successives d'un argiloschiste rose et d'un grès porphyrique très grossier. C'est comme disposition et nature chimique une sorte de répétition des premières assises du conglomérat à la Tête des Hougues (1).

(1) Il faut rapporter à cet endroit ce que dit Ansted de petits dépôts d'un beau grès rouge à bandes argileuses, sur le bord de la route qui descend à Boulay Bay : « On the descent of the carriage road to Boulay Bay, there are small deposits of very fine red sand-stone, with

Un peu plus au nord, à Vicart Harbour, le conglomérat se montre encore appuyé sur le porphyre et le chloritoschiste; il constitue une bonne partie de la côte connue sous le nom de Long Bank, et pénètre jusqu'au vallon de Petit-Port. Il s'avance aussi un peu en pointe dans le havre, et la Pierre aux Fées lui appartient. C'est une masse pesant une trentaine de tonnes. Elle a en moyenne 4 mètres de long sur 3 de large et 1^{m}, 30 d'épaisseur. Elle repose horizontalement sur le rocher et sur trois blocs du même conglomérat, et elle n'est guère élevée que de 60 centimètres au-dessus du sol.

Au pied de la falaise, le poudingue ne se trouve plus qu'à l'état d'éboulis; mais on voit encore en place cette brèche porphyrique et ces dépôts argileux que je viens de signaler de l'autre côté de la colline et à la Tête des Hougues. Ici les strates ont cela de particulier qu'elles sont pénétrées de traînées chloritoschisteuses dont l'origine est d'ailleurs évidente en présence du chloritoschiste.

clayey bands. » — C'est sans doute aussi ce lopin de grès qu'il a figuré dans son petit croquis d'une coupe de l'île. Il suppose que ces bandes sont presque horizontales, et il les regarde comme modernes. Elles ont dû se produire, dit-il, avant ou durant la dernière grande élévation, car elles sont très élevées au-dessus du niveau actuel de la mer. — En effet, elles le dépassent au moins de soixante mètres; mais elles ne sont pas plus horizontales que le reste du conglomérat : elles suivent la pente du porphyre qui leur sert d'appui. Loin donc de les regarder comme modernes, j'assimile ces bandes à celles de la Tête des Hougues situées de l'autre côté de la baie, et je les considère comme les premières couches du conglomérat lui-même.

Le conglomérat est relativement très compact et très dur, et avant la désagrégation sous l'influence de l'atmosphère et des eaux, le ciment a presque la même solidité que le reste de la pierre. Aussi dans les grandes fentes qui coupent cette formation, il y a souvent la même régularité que dans une roche homogène; les galets, tranchés dans le plan général de la rupture, restent partagés entre les deux murailles.

La petite digue de Rozel est bâtie avec cette pierre, ainsi que les talus qui soutiennent les terres le long de la baie de Sainte-Catherine. La grande digue de cette même baie, ou de la pointe de Verclut, est aussi construite en blocs de conglomérat. Cette belle jetée a 800 mètres de longueur, sur 13 mètres de hauteur et 14 de largeur. Il faut évaluer à plus de 350 mille tonnes le poids des matériaux employés à sa construction. Chaque assise a près d'un mètre d'épaisseur. La dernière seule, avec le mur de soutènement qui longe la partie nord de la digue, a été empruntée au granite. Cette assise qui couronne tout le tour de la digue est formée de larges et épais blocs d'un granite porphyroïde en partie étranger à Jersey. On y remarque en effet ce qu'on ne trouve pas dans nos granites, une multitude de cristaux rectangulaires dont quelques-uns dépassent la longueur du doigt. Leur couleur blanche, conservée depuis trente ans, contraste aussi avec celle des cristaux feldspathiques des granites de l'île. Ces derniers brunissent ou même rougissent quand ils sont exposés à l'action de l'atmosphère. De plus dans les blocs de la digue on distingue des lamelles de mica argenté tout à fait inconnu à Jersey (1).

Un bloc isolé de conglomérat, pesant environ quinze mille kilogrammes, se trouve dans la grève de Grouville, au tiers du chemin entre la digue de la Rocque et la tour Seymour. Il paraît ne reposer que sur la tangue, mais l'extrémité de sa base atteint sans doute le granite qui affleure tout autour, à quelques mètres de distance. La présence de ce bloc de poudingue en cet endroit s'explique aisément quand on sait que les chalands ont dû en transporter dans les différentes parties de l'île. En effet, beaucoup de grottes et de rochers artificiels dans les jardins, et même des tombeaux, sont construits avec cette roche. Un accident l'aura fait abandonner à cette place, qui ne lui est certainement pas naturelle; car il n'aurait pas résisté, sous sa forme actuelle, au milieu de cette plage granitique.

Dans le petit chemin tournant qui monte de l'ancien cimetière de People's Park au cimetière paroissial

(1) Je m'étais plusieurs fois informé de la provenance de ces granites. Les uns les faisaient venir d'Aurigny, les autres de Guernesey. J'eus l'occasion de visiter ces deux îles, et je ne trouvai rien de semblable dans leurs différentes carrières; mais en examinant la grande digue de Braye Harbour, à Aurigny, je vis qu'elle contenait aussi de ces roches dont l'origine m'était inconnue. Un cantonnier, à qui je demandai des renseignements, me fit connaître l'ingénieur des travaux du port, et j'appris enfin que ces roches venaient de l'ouest de l'Angleterre.

actuel, on découvre, à cent cinquante pas de l'entrée de ce dernier, quelque apparence d'un conglomérat à petits éléments. Je n'ai rien vu de semblable dans les autres tranchées du même massif, où les schistes affleurent seuls avec les spilites.

§ IV.

CONTOURS ET RELIEF DE L'ILE.

1° GROTTES ET FENTES, PUITS ET MARMITES DE GÉANTS, PINACLES ET CALES.

Que les dentelures, anfractuosités, grottes ou accidents-semblables qui coupent les côtés des îles, doivent être attribués à la différence de dureté des roches, c'est une remarque à la portée de l'observateur même le moins attentif. Aussi Ansted, en écrivant sur les îles de la Manche, s'est-il borné à indiquer le fait, sans entrer dans aucun détail; lorsque, par exemple, il assigne pour cause à la plupart des grottes de Jersey l'ablation des veines de greenstone, il se contente de dire que ces effets sont remarquables aux environs de Grosnez au nord-ouest, et de la Houle au nord. Pour moi, je pense qu'au point de vue où nous nous sommes placés dans cette notice, je dois entrer dans certains détails et mettre sous les yeux du lecteur les particularités les plus curieuses de l'île, en indiquant la cause immédiate qui les a produites.

Parmi les plus abordables des grottes ou des simples fentes dues à la disparition des veines de diabase, je signalerai d'abord celles qui creusent ou découpent la côte entre Saint-Aubin et Saint-Brelade (1). Les rochers isolés, à la pointe de Noirmont en particulier, à l'Ile-Percée et au Fret, ont été séparés de la falaise par l'ablation de ces veines. Aux grottes du Portelet et aux Creux-Fantômes, on aperçoit, comme presque toujours, les restes des roches vertes et sombres qui remplissaient les cavités. Ces derniers creux, voisins de Saint-Brelade, finiront même par rejoindre leurs galeries parallèles; car une veine transversale en prépare la réunion; et elle n'a résisté jusqu'ici, qu'en s'abritant derrière les granites, contre le choc direct des vagues et des galets.

Au-dessous du signal de la Moye, perpendiculairement à la grande veine dont j'ai parlé plus haut, était une fente assez étroite qui s'avançait dans les terres. Les éboulis des murailles ont été longtemps emportés par les vagues, comme on en peut juger par la dépression de la côte à cet endroit. Mais à la fin, avec le retrait de la mer et les éboulements, le fond étroit de la fente s'est comblé à son extrémité supérieure et vers son milieu. Entre les deux points est resté un espace de 15 mètres de long sur 10 de large et dont la profondeur est celle de la fente elle-même, une trentaine de mètres. C'est ce qu'on appelle la Fosse-Vourin. Le fond

(1) Voir, fig. 1, p. 39, le nombre et la disposition de ces veines.

de ce trou continue de communiquer avec la mer par une ouverture d'un mètre carré, entretenue par les lames au-dessous des éboulis.

Pour ce qui regarde les puits, on peut dire en général qu'ils proviennent de grottes dont la voûte s'est effondrée sur un point seulement. Si les vagues ont déblayé peu à peu les débris, le trou reste en communication avec la mer; autrement l'ouverture latérale demeurant bouchée, il en résulte un puits proprement dit.

On trouve aussi bien souvent, sur les roches basses de la côte, des trous ronds de profondeur et de diamètre très variables, mais pouvant atteindre jusque quatre ou cinq mètres. Près de la tour de Noirmont, par exemple, du côté du Portelet, il y en a un d'une remarquable régularité. Sa forme est cylindrique; il mesure 1 mètre de diamètre sur 1^{m},50 de profondeur. Il figure un puits à ciel ouvert dont un bord de la margelle serait rompu. Ces trous ont reçu le nom de marmites de géants. Je préférerais le nom de mortiers; car outre leur forme, il y a souvent au fond un gros galet en guise de pilon. L'explication en est bien connue. Quand la vague entre dans une cavité de rocher, elle y tournoie et emporte dans son mouvement les pierres détachées qu'elle y rencontre. Le fond se creuse en rond, et les galets s'usant par le frottement, le plus gros peut finalement rester seul. S'il arrive parfois que le centre de la cavité soit moins profond que le contour, c'est que l'eau et le pilon, dans leur mouvement gyratoire, en usent surtout les bords. La forme dépendra tant de la grandeur relative du fond et de la roche mobile, que de la disposition initiale de la cavité.

Nulle part on ne rencontre plus fréquemment ces trous qu'à l'extrémité nord de l'île, dans la petite baie du Fossé de Vicq, qui sépare Sorel de Rosnez. Au même endroit il existe, à deux cents pas environ de la pointe de Sorel, une cavité d'un autre genre connue sous le nom de Lavoir des Dames (fig. II, p. 45). C'est un trou carré de 7 à 8 mètres de côté et profond de 4 mètres. Il est creusé dans le rocher, un peu au-dessous du niveau moyen des marées, de sorte que l'eau s'y renouvelle deux fois par jour. La régularité de l'excavation, les arêtes vives de la roche et un trou de mine pratiqué près de l'angle nord, montrent assez que c'est une œuvre de l'homme : c'est, à n'en pouvoir douter, un bassin ménagé pour des bains. Il n'est pas du reste inutile sur cette côte ; elle est le plus souvent abrupte ou au moins tellement couverte de rochers, de blocs et de galets, que les bains en pleine eau y seraient très dangereux. Je ne m'explique pas comment les cartes de l'île marquent le Lavoir des Dames au haut de la falaise, sur le cours du petit ruisseau qui descend de la maison de Sorel à la mer.

La principale dépression qui coupe la chaussée construite entre le phare de Corbière et la terre ferme, est due à une veine de diabase dont il reste quelques traces. Les mêmes phénomènes de creusement se reproduisent jusqu'à la pointe de l'OEillère qui, taillée presque à pic, doit sa direction et sa forme à un large filon qui en longe la base du côté du nord. Mais les déchiquetures produites par les vagues, durant la formation de la baie de Saint-Ouen, entre la Pulente et l'Étacq, ont fini par s'effacer depuis le retrait de la mer. Au delà de l'Étacq au contraire, où la côte est plus accore et constituée d'une roche plus dure, trois pointes se distinguent entre toutes les autres : le Pinacle, la pointe sans nom au nord de Beauvalet, que j'appellerai la pointe de la Cale, et enfin Rouge-Nez. Comme je l'ai insinué en parlant des roches éruptives, des veines, au lieu de surgir en murailles verticales, forment parfois des nappes plongeant obliquement dans la falaise. C'est ce qui se présente aux trois pointes indiquées.

La tranche des veines de diabase, d'un mètre au plus d'épaisseur, se dessine sur le flanc des rochers rougeâtres comme un long ruban vert, placé en écharpe. A mesure qu'elles ont été entamées par la mer, leur toit, ou la partie du rocher qui les surmontait, s'est écroulé, et les débris sont allés se perdre dans les eaux. Cependant le mur, c'est-à-dire la portion du rocher située au-dessous des veines, est resté intact, et il en résulte des plateaux qui, descendant suivant le plan de la nappe, jusqu'au niveau de basse mer, sont comme autant de cales préparées par la nature elle-même. Voilà précisément ce qui s'est passé à ces trois points si rapprochés les uns des autres; mais le Pinacle demande une description particulière (fig. III, p. 85).

Ce roc immense est ce qu'il y a de plus grandiose à Jersey, et sa formation est des plus intéressantes pour l'histoire des changements de configuration des côtés de l'île. Les amateurs de points de vue pittoresques peuvent y venir, eux aussi, et ils n'auront pas lieu de regretter leur voyage. Je décris d'autant plus volontiers le Pinacle, qu'il pourra s'y produire d'ici à peu de temps un changement considérable. En géologie un siècle n'est qu'une durée bien courte; eh bien, j'oserais prédire que dans un siècle le Pinacle aura perdu la moitié de son immense masse de 200 mille tonnes, si la mer conserve son niveau actuel, et surtout si elle l'élève un peu.

La figure ci-jointe aidera à se faire une idée du pic et de sa formation, ainsi que des changements que l'on doit y attendre dans l'avenir. La base du Pinacle *P* a 80 mètres de long sur 25 de large, elle se rapproche d'une ellipse. La section parallèle à la base diminue assez régulièrement jusqu'au sommet du rocher qui s'élève à 60 mètres. Le cône s'étendait autrefois sur la plate-forme inclinée *r* et il était complètement séparé des landes par deux fentes provenant de veines qui se coupent presque à angle droit. La mer à cette époque montait un peu plus haut qu'aujourd'hui; c'est du moins ce que semblent démontrer des roches polies par le frottement qui se voient en *m*, à la voûte de la grotte septentrionale. Le flot balayait donc l'isthme qui joint l'ancien îlot à la terre ferme. Mais lorsque la mer perdit de son élévation, elle laissa aux blocs tombant des falaises et du Pinacle lui-même, la facilité de former une voûte à la tranchée de séparation ou même de la combler entièrement. Aujourd'hui les vagues

ont rétabli ou repris la communication par-dessous les remblais, et c'est seulement au point *e* que le passage devient difficile, ou même impraticable, si l'on n'a pas une échelle à sa disposition.

Plaçons-nous maintenant sur la plate-forme *r*, le dos tourné à la mer. C'est là que le géant de granite apparaît dans toute sa majesté. On tremble d'approcher de cette immense muraille verticale, et rien pourtant jusqu'ici n'annonce encore sa chute imminente. La roche est très compacte et à peine sillonnée de

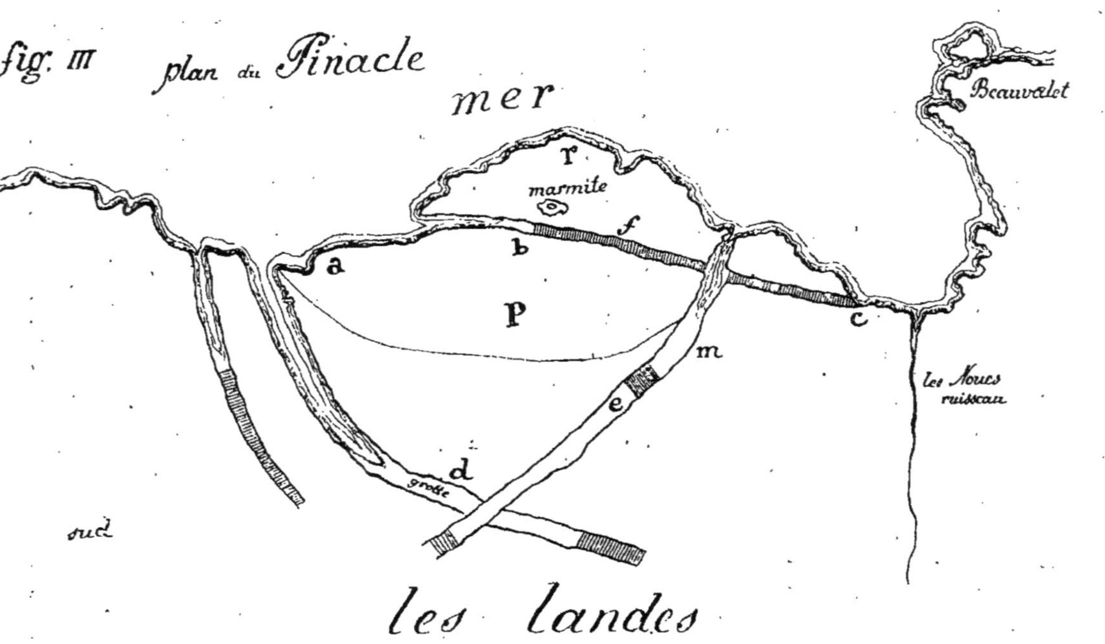
fig. III plan du Pinacle
mer
r
marmite
f
a
b
p
c
m
e
d
grotte
Beauvalet
les Noues
ruisseau
nord
sud
les landes

quelques légères veinules de quartz blanc. Mais voyez de *f* en *c* cette écharpe verte dont je parlais tout à l'heure : c'est la tranche de la nappe de diabase qui descend obliquement de la falaise située à votre gauche. Elle plonge de 30 à 35 degrés sous la base du Pinacle et va, à votre droite, se perdre dans la mer. Descendez de ce côté et constatez que de *b* en *a* un immense quartier de roche a disparu en dernier lieu ; car la muraille y est relativement fraîche et conserve presque toute sa rugosité, tandis que le reste de la surface est poli et comme frotté par les vagues ou au moins adouci par l'action de l'atmosphère.

Vous voyez aussi que la disparition de la veine laisse sans support toute cette partie du rocher. Reprenant donc votre première position au haut de la plate-forme, en face de la muraille, reconstituez, par la pensée, la portion disparue de la nappe verte : il est visible qu'elle s'étendait jusque sous vos pieds, et dessus, à votre place, reposait le Pinacle épais alors de 45 mètres et haut sans doute de plus de 80. A mesure que la diabase s'est fragmentée ou simplement émiettée, le rocher auquel elle servait d'appui s'est écroulé, et les débris, faciles à entraîner sur cette pente, sont allés se perdre à l'extérieur. Actuellement en *f* il y a quelques gros blocs tombés d'en haut ; mais ils peuvent y rester longtemps, car la mer les atteint à peine. Un peu plus bas est une vaste marmite creusée comme je l'ai expliqué précédemment. Avec le régime présent des marées le rocher continuera de disparaître en détail, mais cependant par larges fragments, entre *a* et *b*. Si au contraire le niveau de la mer s'élevait de quelques mètres, la démolition du côté de *f* deviendrait plus active, et le Pinacle, sapé sur toute la longueur de sa base, pourrait, vu le peu d'épaisseur qui lui reste, se renverser en bloc. La partie inférieure resterait sur le rocher que vous occupez, et le sommet serait jeté à une quarantaine de mètres derrière vous, dans les profondeurs de l'abîme.

En remontant du pied du Pinacle vers les landes, on voit à droite, au milieu du rocher de la falaise, la tranche d'une autre nappe verte parallèle à celle qui vient d'être décrite, mais plus élevée d'une soixantaine de mètres. Elle devait raser le sommet du Pinacle avant l'isolement de ce rocher.

La pointe de Rouge-Nez ne se distingue pas seulement par sa cale naturelle; elle est encore fendue en deux par un filon vertical. C'est d'ailleurs sur cette côte du nord-ouest, presque partout taillée à pic, que la destruction par la mer semble la plus active.

La grande fente de Grosnez, située au-dessous de la carrière, a conservé une masse considérable de la veine à laquelle elle doit son existence. Pour s'en assurer il suffit de descendre au nord des ruines du château et d'aller se placer sur la grosse roche d'une cinquantaine de tonnes qui, en tombant des hauteurs, a établi un pont sur la fente. De là tourné vers la terre, on aperçoit, sur la droite, la veine en question. Elle est divisée en deux branches; celle de gauche a disparu.

Près de Grosnez, on cite les *caves* de la Grève au Lançon, parmi les plus remarquables de l'île; j'ai dit plus haut, en parlant de la porphyrite micacée, ce qu'il faut penser de leur formation.

Ces détails suffisent sans doute pour justifier ce qui a été avancé sur l'importance des veines relativement au point de vue du pittoresque des côtes; mais il ne faudrait pas en conclure que toutes les fentes ou grottes sont dues absolument à la même cause. Sur la côte nord, en particulier, elles proviennent souvent de la division du granite par de grandes fissures verticales, très rapprochées les unes des autres. Ainsi en est-il de celles du Lecq pour la plupart, entre autres du tunnel de 60 mètres de long qui rejoint au Val-Rouget la grève principale. Il en faut dire autant de celles qui se trouvent aux environs de la pointe de Lasse et de l'anse du Crabbé, et plus loin aux Reusses et au Waterfall.

Des quatre grottes creusées entre Lasse et le Crabbé, la seconde et la quatrième méritent une mention particulière pour les agglomérats de galets suspendus à leurs murailles. Il n'en reste pas moins de cinq mètres cubes dans la seconde. Cette grotte se compose de trois cavités juxtaposées et répondant à une seule tranchée extérieure; l'amas de galets est collé au cintre de celle du milieu. Dans la quatrième grotte ils sont moins abondants : on en voit d'abord à gauche une traînée légère sur la muraille d'entrée, puis à droite, à la naissance de la voûte, dans un petit renfoncement carré; ils sont comme plaqués sur la pierre vive. Mais entre les deux et toujours au même niveau, un rang de galets soudés fait saillie et forme une vasque de 50 centimètres de diamètre : c'est le prolongement du bord inférieur d'une cavité étroite et profonde. Les macreuses ne manquent jamais d'y déposer leur couvée, ainsi que dans les autres trous inabordables de ces rochers. Mais ici on croirait qu'imitant l'industrie des hirondelles, elles ont elles-mêmes bâti leur nid au sable et à la chaux. Je dirai vers la fin de ces notes, dans la chronologie des événements, comment se sont déposés ces galets qui, à première vue, feraient soupçonner un niveau plus élevé de la mer dans des temps peu éloignés de nous.

Parmi les sept grottes ou fentes creusées, entre Sorel et Rosnez, dans la roche dioritique pénétrée de granite, trois seulement sont dues à la diabase. Il est visible, dans toute cette portion de la côte nord, que la diorite a moins résisté que le granite à l'action de la mer, puisque, comme je l'ai déjà dit, toutes les pointes avancées appartiennent au granite. Le quartz que cette dernière roche contient et qui fait défaut dans la diorite, explique aisément cette particularité.

Dans le conglomérat, sauf les tranchées des veines dioritiques et micacées, il n'y a plus la même régularité des fentes et des grottes; ce sont des trous entre d'immenses amas de blocs entassés pêle-mêle dans leur chute, ou des allées tortueuses dans la roche encore située en place. En général la différence de dureté entre les matières qui composent le poudingue, a donné lieu à une surface hachée et caverneuse. J'ai vu près de l'Étaquerel un petit trou provenant de la disparition de quelques galets; le ciment plus dur avait conservé sa forme et une imagination un peu vive y aurait reconnu le crâne d'un homme fossile; la place du cerveau, les orbites des deux yeux encore mal alignés des deux côtés de l'arête du nez, la bouche elle-même, la grosseur naturelle, tout en un mot plaidait pour l'homme permien! Je signale ce fait; car dans toute cette érosion du conglomérat, en dehors pourtant de la portée des galets, qui comme ailleurs polissent la roche, on peut retrouver bien des formes curieuses de ce genre.

Près de la Tour de Rozel, à la partie nord de l'isthme qui la relie à la terre, il y a une grotte soufflante. Là aussi l'imagination pourrait se donner carrière; on entendrait des soupirs prolongés. Mais on s'aperçoit bientôt qu'ils accompagnent les retours successifs de la vague: la mer, en pénétrant dans la grotte, en bouche l'ouverture étroite, et l'air, comprimé dans l'intérieur, en sort par une fissure du rocher.

2° ANSES ET CIRQUES, PORTELET.

L'origine des anses est la même que celle des grottes. Si plusieurs de ces dernières sont voisines les unes des autres, chacune allant toujours en grandissant, elles finissent par se rejoindre. Les éboulements se produisent et la mer venant déblayer le terrain, la côte se trouve creusée sur une largeur et une profondeur qui dépendent du nombre et de la profondeur des grottes elles-mêmes. La petite anse entre l'Ile-Percée et le Portelet en fournit un bel exemple (1). Les veines de diabase, encore visibles à mer basse, permettent de reconstituer par la pensée les grottes anciennes; et pour que l'imagination ait moins à faire, il suffit de contempler la nature encore à l'œuvre, une centaine de mètres plus au nord, à l'endroit où les veines qui coupent le rocher, dit Tombe de Janvrin, viennent percer le bord de la baie. On peut remarquer aussi comment les filons qui ont séparé l'Ile-Percée de la côte, se prolongeant à travers ces grottes disparues, n'ont pas peu contribué à leur démolition.

L'anse du Portelet, de prime abord, semble n'avoir gardé aucun indice de son origine ; le sable en recouvre la grève, et les terres éboulées de la falaise ne laissent guère la roche à nu qu'aux deux extrémités de l'anse. Pour la carrière ouverte à mi-côte, elle n'est

(1) Voir la figure I, p. 39, veines de diabase.

traversée que par des veinules de diabase. Cependant un examen plus attentif ne permet pas le doute sur le mode de formation de la petite baie.

La Tombe de Janvrin est en effet coupée, à elle seule, par quatre veines, dont trois à l'extérieur du rocher et une à l'intérieur; et sans compter la multitude des filons de même direction situés plus au large, il y en a quatre entre la Tombe et la côte. Tout l'espace occupé par l'anse était donc singulièrement divisé. Néanmoins cela n'aurait pas suffi pour la destruction des roches qui reliaient l'îlot à la terre; car la pointe du Fret empêchait la mer de prendre les dernières veines dans le sens de leur longueur et, du côté sud, chacune était protégée par les massifs de granite qui les séparaient. Mais il y a une autre cause de démolition bien plus efficace : ce sont les nappes horizontales ou obliques, comme il a été montré à propos du Pinacle et des cales de l'ouest de l'île. Or l'une de ces veines se voit à mer basse, dans le renfoncement auquel elle a donné lieu entre le Fret et la carrière latérale du Portelet; et, au-dessous de cette même carrière, il y a encore une autre nappe plus élevée et à peine baignée à mer haute. Elle montre sa tranche sur une longueur de 40 mètres et elle passe sous la falaise. Les roches demeurées en contre-bas à cet endroit lui servaient d'appui, ce dont elles ont conservé des traces. Pardessus étaient les granites qui remplissaient l'anse à la hauteur de l'îlot. Ce qui reste de cette veine oblique prouve qu'elle était assez irrégulière : elle plonge sans doute trop profondément sous la Tombe pour être atteinte par les vagues, et ce serait à cette circonstance, autant et plus qu'à la direction des autres veines, que nous devrions d'avoir conservé jusqu'aujourd'hui ce rocher, dont la présence fait du Portelet un des sites les plus pittoresques de l'île. Ce roc isolé sur la plage est en effet le centre d'un amphithéâtre semi-circulaire de 200 mètres de rayon, dont les gradins échelonnés dans les falaises pourraient grouper, à la portée d'une voix puissante, tous les habitants de l'île réunis.

A Petit-Port, entre Corbière et l'OEillère, la plage rocheuse est sillonnée de longues traînées de veines sombres dont la direction correspond à l'axe de l'anse. C'est de préférence sur l'emplacement de ces veines que les laboureurs ont établi leurs routes pour le charroi du varech.

Au delà de Saint-Ouen, la petite crique du Pulec s'est ouverte au point où le mélange des schistes et des granites a présenté à l'action des vagues une pierre plus disloquée.

La côte de la Grève au Lançon est tellement percée de grottes et de fentes, que l'anse qui leur doit son origine, ne saurait manquer de s'avancer rapidement vers l'intérieur des terres.

L'anse du Crabbé, où l'on descend par un sentier facile de 80 mètres de haut, provient d'une division toute spéciale des tranches verticales de son granite.

Outre les fissures naturelles, communes à toute cette partie de la côte, la roche est encore partagée, à cet endroit, par cinq veines, dont trois de porphyrite et deux de diabase. Je ne parle pas de plusieurs veinules transversales. La mer, s'ouvrant un passage entre ces différentes formations, en a plus facilement arraché les blocs, et la destruction a gagné plus avant dans la falaise. Cette petite anse est une de celles qui s'élargiront désormais le plus vite; car ses deux pointes sont déjà sapées à une grande profondeur. Lá première grotte, à gauche, pénètre à 60 mètres sous les terres.

Si après être descendu au bas du sentier, on cherche à tourner le rocher vers la droite, on arrive dans un vaste cirque de 80 mètres de long sur 40 de large. De là l'œil a vue au nord, sur la mer, par une magnifique fente verticale qui sépare l'île Agois du reste de la côte. La hauteur de cette ouverture est de 60 mètres et sa longueur de 30, tandis que sa largeur ne dépasse pas 3m, 50. Elle résulte d'une veine friable de granite rose dont les restes apparaissent encore à la voûte d'une petite grotte située, en ligne droite, de l'autre côté du cirque.

Le large passage par où l'on entre, en venant de l'anse du Crabbé, dans l'immense cavité oblongue, ne tardera pas à s'élargir encore aux dépens de l'île Agois; car le rocher est déjà percé de deux tunnels. La plus étroite de ces trouées est due à l'ablation d'une veine verte qui donne un commencement de grotte dans la paroi opposée du cirque. D'énormes galets couvrent tout cet espace; mais le niveau est assez bas, et la communication avec le Crabbé assez libre, pour permettre à la mer de balayer ou d'user les éboulis à mesure qu'ils se renouvellent.

Après le Crabbé, on longe l'anse des Reusses, ainsi nommée sans doute pour la couleur roussâtre de ses pierres. La destruction y est assez active, et la dernière fente du côté de l'est s'est considérablement augmentée en 1884, par l'éboulement de l'une de ses parois.

Non loin de là est le célèbre Trou du diable, « Devil's Hole », dont on a fait le Creux du Vis. On dit encore le Creux terrible. S'il était permis d'ajouter un quatrième nom, je l'appellerais volontiers la *Pipe* au lieu du Trou du Diable; car cette dénomination ferait comprendre plus aisément sa forme actuelle.

Si vous y venez de mai à octobre, vous le trouverez gardé; et, pour être admis par la *only entrance,* seule entrée, vous paierez *two pence*, ou quatre sous, car le billon français a cours à Jersey. Franchissez la barrière : s'il n'y avait pas d'éboulis, vous verriez clairement que la cavité doit son origine à la rencontre d'une fente partant de l'ouest, et d'une grotte ouverte au nord à travers le rocher. Mais la fente a été comblée jusqu'à demi-hauteur par l'éboulement des murailles et sa partie extérieure donnant sur la mer est seule reconnaissable. Les éboulis ont au moins 30 mètres de profondeur; et c'est sur leur pente, chaque année renouvelée, que le gardien rétablit et entretient l'escalier par lequel vous allez descendre, sans trop de danger ni de peine, dans le fond de l'entonnoir (1). Arrivé en bas, regardez autour de vous et vous comprendrez pourquoi je me suis servi du nom de pipe. Ce n'est pas qu'elle soit très régulière ; et de plus les bords en sont ébréchés à l'ouest et au nord-est ; mais il y a une cavité sensiblement ronde dont le fond communique par un tuyau avec la mer. Le bord le plus élevé de la cavité atteint 70 mètres. Le rayon de base inférieure n'est que de 7 mètres ; mais il doit être plus que triplé pour la base supérieure ou l'ouverture.

Si la mer est basse, on peut entrer dans le tuyau ; car c'est un vrai tunnel de 9 mètres de haut sur 7 de large, et assez bien éclairé par ses deux extrémités. A 20 mètres de l'entrée, du côté droit, il est à moitié intercepté par le rocher sur une longueur de 8 mètres, sans pourtant que cette demi-barrière monte jusqu'à la voûte. A partir de là le tunnel reprend ses premières dimensions. Le sol, sauf quelques restes de la roche vive, est recouvert de gros cailloux roulés entre lesquels coule l'eau saumâtre d'une source assez abondante. La longueur totale est de 70 mètres. Mais on ne peut s'avancer jusqu'à l'extrémité que par une mer très basse. La

(1) En 1885, la mer ayant plus fortement rongé le pied du remblai naturel, il a fallu construire un escalier en bois, lequel, après les pluies d'octobre qui avaient favorisé les chutes de pierres d'en haut, avait déjà subi plus d'une avarie.

fente qui prolonge le tunnel à cet endroit, montre qu'il avait au moins 100 mètres de long avant l'effondrement d'une partie de sa voûte. En revenant sur ses pas, on n'est guère tenté d'examiner le plafond; car les fissures du rocher sont peu rassurantes. De plus le pavé est glissant et l'on se sent poursuivi par la vague bruyante qui s'engouffre à l'entrée. Rassurez-vous cependant : il n'y a pas trois heures que ces murailles, visitées par d'énormes lames, n'ont abandonné que de faibles débris à leur formidable choc. Constatez donc qu'à la voûte il n'y a aucun de ces restes de veine de diabase auxquels la visite de bien des grottes vous avait accoutumé jusqu'ici.

Comment s'est donc creusé ce passage? En sortant du tunnel, on a devant soi les éboulis le long desquels on est d'abord descendu. Ils s'élèvent jusque vers le milieu de la paroi sud et en cachent le pied; mais au-dessus on reconnaît aisément une veine verticale de $1^m,50$ de large, tranchant un peu sur la couleur générale des granites. Elle forme d'ailleurs une traînée plus sombre parmi les éboulis dans l'alignement du tunnel. C'est elle qui, prolongée sous le rocher, a été le point de départ de son percement. Le passage une fois pratiqué s'est naturellement agrandi à la manière ordinaire (1).

(1) Puisqu'il ne reste dans la voûte du tunnel aucune trace de cette veine, c'est qu'en s'élevant des profondeurs de la terre elle n'a pas, dans toute sa longueur, affleuré jusqu'à la surface du sol. Ce fait n'a rien d'anormal : une veine éruptive est poussée par la pression dans

C'est une de ces veines de porphyrite micacée dont j'ai parlé plus haut. Les blocs qui en tombent sont des plus compacts et des mieux conservés de toute l'île; car ils n'ont pas encore longtemps subi l'action de l'atmosphère.

Pour la fente qui s'ouvrait à l'ouest, du côté des Reusses, et dont la rencontre avec le tunnel a déterminé la formation du grand entonnoir, elle doit son origine à une veine de diabase (1). Sa section verticale est celle d'un V largement ouvert, ce qui prouve qu'elle a déjà fourni une quantité considérable de décombres balayés au fur et à mesure par la mer. Et de fait dès que les deux grottes ou fentes se furent rencontrées à l'endroit même où est maintenant la grande cavité, les vagues acquirent plus de puissance pour entraîner les roches tombées des hauteurs. S'engouffrant tour à tour par les

les interstices que lui livrent les fissures des rochers, et par suite elle ne monte pas partout au même niveau. Au fort du sud de la Ville, par exemple, du côté de la jetée Victoria, une veine va en s'amincissant à mesure qu'elle s'élève; il est probable qu'elle n'atteignait pas la surface du rocher quand il avait quelques mètres de plus. Aux caves du Val-Rouget ou du Lecq, un filon de diabase s'est étalé à la surface; mais il ne descend pas jusqu'au niveau de la grève avec le reste du rocher. La veine qui coupe à l'intérieur la Tombe de Janvrin, s'arrête dans la côte au-dessous de la carrière du Portelet. Enfin un autre filon de porphyrite, vertical et semblable à celui du Trou du Diable, passe sous le roc de Montorgueil, et ne s'élève pas à travers sa masse. Si la veine était montée plus haut, sans atteindre cependant la surface, la partie orientale du rocher, ou bien aurait déjà complètement disparu, ou bien ne reposerait que sur un tunnel.

(1) Si l'on veut voir une fente se formant actuellement dans une veine verte, il suffit d'abaisser les yeux sur le rocher que l'on a à ses pieds quand, de la cabane du gardien, on regarde Plémont.

deux côtés, selon la direction de la tempête tournant du sud-ouest au nord-ouest, elles emportaient les éboulis et déblayaient les deux issues. Le fond cependant n'était pas très étendu puisque, contrairement au cirque du Crabbé, où les parois sont verticales, le Trou du Diable a la forme d'un entonnoir. Il s'ensuivit que par une débâcle plus considérable des murailles ou par l'abaissement du niveau de la mer, le passage se trouva obstrué. De 1881 à 1884 la masse des débris s'était augmentée, et l'on se demandait si une chute un peu simultanée des parois, avec l'effondrement possible d'une partie de la voûte, n'allait pas amener le Trou du Diable à l'état de simple grotte inaccessible et de puits sans activité. Mais en 1885 les décombres ont été fortement sapés par leur base et une grande partie s'est trouvée comme soutirée par le tunnel.

Sous l'immense amas de terre et de blocs entassés, restât-il quelques traces de la veine de diabase, il serait impossible de les découvrir. Heureusement la muraille, qui fait face à l'ouverture des Reusses, est presque complètement à nu, et c'est là qu'on aperçoit la veine verticale d'un mètre d'épaisseur, dessinée un peu en creux sur les granites et marquée par une couleur plus verdâtre.

Dans tout ce que nous venons de dire, rien assurément ne justifie les noms effrayants que porte cette cavité d'ailleurs si intéressante au point de vue géologique et pittoresque. Mais descendez-y à mi-marée, aux dernières heures d'une tempête, lorsque le vent s'est rabattu vers le nord-ouest. Alors la mer s'engouffrant dans le tunnel, la lame s'exaltant par le reflux de la vague précédente et par le rétrécissement du canal, le choc puissant contre la barrière, le brouillard écumeux, le rocher résonnant, le sourd mugissement prolongé sous la voûte, le cliquetis strident des galets et des blocs froissés, les hautes murailles toujours prêtes à s'abîmer dans une ruine immense, tout vous saisit, vous épouvante. Oui, c'est bien le Creux terrible.

Mode d'action de la mer.

De tous les faits précédents il ressort d'une manière évidente que les fentes et les grottes, les anses et les les creux, les cales et les pinacles sont dus aux veines si nombreuses et aux longues fissures dont la côte est découpée. Mais quelle est la raison mécanique de leur formation ? Sans doute, comme je l'ai déjà laissé entendre, la différence de dureté entre les veines et la roche encaissante suffit bien souvent pour expliquer l'action différente des vagues. Mais en dehors de la friabilité des matériaux, il y a une autre cause dont le rôle est considérable : c'est l'isolement des roches. Et, en effet, sur plusieurs points il n'y a ni veine intrusive ni roche plus tendre, mais uniquement de longues murailles provenant des fissures parallèles du rocher. D'ailleurs les veines de diabase, tout en étant réellement plus friables que les granites, plus sensibles à l'action de l'atmosphère ou plus facilement *weathered* (pour me servir d'une expression énergique que j'envie à la langue anglaise), se défendent parfois aussi bien que les granites, quand leurs masses sont comparables. Dans la grève de Pontac, par exemple, au sud du Martello, un grand nombre de veines courent de l'est à l'ouest. Sur deux points elles sont assez éloignées les unes des autres. Aussi dans l'intervalle se sont conservés deux rochers granitiques assez massifs, taillés à pic au nord et au sud par la disparition des veines. Entre les deux rochers au contraire, et au delà, le rapprochement des veines a divisé le granite en tranches étroites, et les deux roches ont été également entamées. Ailleurs c'est le granite qui disparaît le premier. Entre Saint-Aubin et la pointe de Noirmont, telle veine de diabase s'est partagée en deux, renfermant entre ses branches, de deux mètres environ d'épaisseur, une tranche de granite d'un mètre. Eh bien, c'est cette dernière que son isolement a perdue : elle s'est creusée plus profondément que la diabase. J'ai dit qu'au Crabbé encore, où le granite est très fissuré, les veines de porphyrite laissent plutôt des dykes que des tranchées. Cette particularité est l'exception. Mais il n'en résulte pas moins qu'il faut attribuer en partie à l'isolement des veines intrusives la prise que la mer exerce sur elles. De fait elles ne sont jamais bien soudées à la roche enveloppante. Quand elles ont pénétré dans les fissures, ou bien leur température n'était pas très élevée, ou bien la faiblesse de leur masse les défendant mal du refroidissement, elles ont été promptement solidifiées, sans faire corps avec le rocher qu'elles n'ont pu ni dissoudre ni fondre. La mer entre donc aisément dans l'espace mal fermé qui sépare les deux roches. De plus la forme même de la veine la dispose à une division naturelle en prismes. La vague ébranle ces blocs, les déplace et les roule, et, continuant son œuvre durant des siècles, elle se déblaie un chenal à travers les granites. Cet effet de l'isolement sera nécessairement le même pour toute roche fracturée par les mouvements de l'écorce terrestre.

Les lames exercent une pression moyenne de 3,000 kilogrammes par mètre carré, et l'on en cite qui auraient produit une pression dix fois plus forte durant certaines tempêtes. Il n'est donc pas étonnant qu'elles ébranlent et déplacent peu à peu les énormes blocs de nos jetées. Elles leur communiquent au moins des vibrations qui, souvent réitérées, finissent par préparer la voie aux infiltrations et par suite à la ruine, si les pièces ne sont pas très solidement liées les unes aux autres.

Et pourtant ce n'est qu'aux endroits accores que la lame se trouve seule dans les assauts qu'elle livre. Quand elle passe sur une plage rocheuse, elle entraîne avec elle non seulement le sable et les graviers, mais aussi les gros galets qu'elle lance contre les roches de la côte. Elle se sert ainsi des matériaux qu'elle a précédemment arrachés, pour user, entamer et disloquer l'obstacle où elle se brise. Remarquons d'autre part que la mer n'a plus d'action sur une plage dès que la profondeur atteint une vingtaine de mètres.

3° BAIES.

L'origine des grandes baies de Jersey est des plus faciles à découvrir : il suffit de voir quelles sont les roches qui en forment le contour. Trois terrains principaux se partagent l'île : les granites, les porphyres pétrosiliceux et les schistes. Ces derniers sont et plus tendres et plus fissiles. Exposés à l'air ils se délitent promptement; et les couches, souvent même les lamelles qui les constituent, provenant tant du plan de sédimentation que des fissures par pression latérale, ne peuvent comme les massifs granitiques, résister à l'action des vagues. Or c'est dans cette roche que sont creusées les deux principales baies de Jersey ; celle de Saint-Ouen dont le contour depuis l'Étacq jusqu'à Corbière ne mesure pas moins de 9 kilomètres, et celle de Saint-Aubin, moins large mais plus profonde et d'un circuit aussi long que la précédente.

La pointe de l'Étacq et la Rocco, quoique schisteuses, se sont maintenues ; mais le schiste y avait été singulièrement modifié et durci par le contact immédiat des granites. Quant aux roches de la grève, elles étaient à une trop grande profondeur pour être sérieusement attaquées lors du creusement de la côte.

Le centre de la baie de Saint-Aubin, comme celui de la baie de Saint-Ouen, offrait à la mer une proie facile. Les environs de la petite ville, au contraire, étaient un peu durcis par les granites et surtout ils étaient défendus par Noirmont contre les vents d'ouest; c'est ce qui nous vaut d'avoir conservé le fortin et les quelques roches qui l'entourent. La pointe de Cheapside, de son côté, a été moins protégée par Elizabeth Castle, un peu trop éloigné, que par la dureté et la compacité de ses spilites. L'anse où est bâtie Saint-Hélier devait être également remplie par les schistes. Ceux qui affleurent, depuis la vieille route de Saint-Jean jusqu'à la vallée des Vaux, c'est-à-dire sur toute la lisière nord de la Ville, rejoignaient la bande comprise entre Victoria College et Imperial Hotel.

L'analogie entre la baie de Saint-Ouen et celle de Saint-Aubin, me porte à croire que dans cette dernière il ne faudrait creuser qu'à une faible profondeur pour retrouver sous le sable un plateau schisteux; car la destruction dans les deux baies a dû se propager au même niveau. Je ne citerai pas à l'appui de cette manière de voir les quelques petits rochers qui, avec les Black Rocks, forment comme le prolongement de la pointe de Cheapside vers Saint-Aubin, puisque ce sont des spilites d'une assez grande résistance; mais il y a encore, en face de Millbrook et presque au milieu de la grève, une petite pyramide et, à quelque distance, un léger affleurement, tous deux de simple schiste. Or, il n'est pas croyable qu'une pierre de cette nature ait pu demeurer bien élevée, tandis que tout le reste disparaissait autour d'elle. Aujourd'hui que l'ensemble de la plage est recouvert de sable, on comprend que la destruction des quelques pics émergés se soit bien ralentie : la mer n'a plus à lancer contre eux son ancienne mitraille de galets, mais seulement une matière fine, assez vaseuse et sans consistance.

Le fond de la baie de Grouville montre également le schiste comme falaise de l'ancien rivage ; et la même roche borde encore les parties rentrantes de la côte au-dessus de Gorey. A l'époque où se creusaient les baies, Montorgueil était, au moins à mer haute, séparé de la terre ferme par une ouverture percée dans le schiste et remplie depuis, selon toute apparence, par la main de l'homme lui-même.

Le fond d'Anne-Port est un schiste très peu métamorphique et par suite n'offrant aux vagues qu'une faible résistance.

Les baies de Sainte-Catherine, de Rozel et de Boulay s'expliquent naturellement par l'ablation du conglomérat. Pour les deux premières, les preuves en sont évidentes ; mais l'assertion peut paraître moins fondée en ce qui concerne Boulay Bay. Elle deviendra plus plausible, si on observe la marche de la destruction entre l'Étaquerel et la Tête des Hougues. La roche a deux étages : l'un, terrasse de haute mer, est miné à marée montante; et l'autre, c'est-à-dire la falaise elle-même, abandonne d'énormes blocs au choc de la mer haute. Or cette plate-forme ou terrasse inférieure, si profondément ravinée sous nos yeux, aussi bien que la côte au pied de laquelle s'entassent les éboulis, a dû reculer considérablement tandis que se creusaient d'immenses baies comme celles de Saint-Ouen et de Saint-Aubin. Du reste sur ce point nous n'en sommes pas réduits à des simples raisonnements; car en face de l'Étaquerel, dans la baie même qui nous occupe, et un peu plus au nord, derrière la Tour de Rozel, le poudingue a laissé à plusieurs centaines de mètres de la côte, de larges plateaux qui témoignent de son ancienne étendue. Si donc on tient compte de l'action actuelle de la mer sur le conglomérat et de la nature ébouleuse de cette roche, on admettra sans peine qu'il couvrait autrefois tout Boulay Bay. Le pâté qui se voit encore encaissé dans les porphyres entre la Trinité et la baie, avec ce qu'il en reste à Long Bank et à Vicart Harbour, m'amène même à conclure que cette formation si remarquable occupait tout l'espace compris entre la Tour de Rozel et Petit-Port.

A l'est de la Belle-Hougue s'ouvre l'anse des Rouaux, creusée dans le schiste. Elle se serait avancée un peu plus loin dans les terres sans la barrière de spilite assez dure qui l'a protégée à l'extérieur.

La grande baie constituée par les deux anses particulières de Havre-Giffard et de Bonne-Nuit, est analogue, dans sa formation, à celle de Boulay Bay : l'une et l'autre se sont creusées et s'élargissent encore chaque jour, par la démolition de leur falaise orientale. Le métamorphisme de la Belle-Hougue est en effet assez peu marqué du côté de Havre-Giffard ; c'est au point que sur le gros rocher qui longe la côte, on reconnaît encore les couches distinctes du schiste grauwacke et du schiste lydien. Si on joint à ce manque de consistance, l'exposition aux vents d'ouest, on comprendra combien cette falaise se sera laissé entamer, quand l'extrémité de la pointe elle-même, malgré sa dureté, a disparu, sur une si grande longueur. D'ailleurs quelques restes de schiste sur le versant central de Havre-Giffard, et une large bande de la même roche pénétrant, à l'ouest du fort de la Crête, jusqu'au milieu de la grève de Bonne-Nuit, ne permettent aucun doute sur la présence ancienne de la formation sédimentaire dans toute cette baie. Elle doit donc, comme la plupart des autres, son existence à la disparition des schistes naturels ou métamorphiques.

Pour la grève du Lecq, ce qui s'y est conservé des anciennes roches est traversé par une veine de diabase. Plusieurs veines semblables, parallèles entre elles, auraient eu précisément pour effet de produire cet enfoncement; mais on est réduit à des suppositions à cet égard. Enfin, comme il serait fastidieux de chercher à assigner la cause immédiate de toute sinuosité de la côte, qu'il suffise de dire en général que rien n'oblige un terrain éruptif s'épanchant à travers les schistes, d'aligner ses bords comme au cordeau. Si donc, dans la suite des temps, la mer vient à emporter la roche friable, le rivage se trouvera naturellement accidenté, en suivant les contours de la roche la plus dure.

Quoi qu'il en soit, les faits prouvent que si Jersey n'avait été composé que de conglomérat et de schiste, son histoire serait demeurée à jamais inconnue; car depuis bien des siècles les derniers vestiges de ces roches auraient disparu. Pour nous qui savons que rien n'est dû au hasard, nous remercions Dieu d'avoir établi des forteresses et des murailles plus solides autour de cette terre, pour la conserver à ses habitants et à leurs hôtes. Faut-il en conclure qu'au milieu de ces destructions, les granites sont restés immobiles et intacts? Cela est bon en poésie; mais en géologie rien ne résiste même à l'air le plus calme, au climat le plus doux; combien moins aux vents déchaînés des tempêtes et aux vagues d'une mer en furie?

Il est vrai que les caps granitiques de l'île demeurent là comme des forts avancés, où vient se briser la violence des assauts livrés aux côtes par les éléments conjurés; mais les ouvrages extérieurs ont été emportés, et leurs fondements sont assez visibles à mer basse, pour que personne ne puisse s'y méprendre. Que sont autre chose tous ces rochers qui hérissent les abords de l'île, de la tour Seymour à Elizabeth Castle, et ces écueils qui longent les côtes du sud, de Noirmont au phare de Corbière, et cette ancienne terrasse de mer basse, attaquée maintenant à mer haute entre Corbière et la Rocco? Au nord-ouest et au nord, la mer est plus profonde; mais il est évident, d'après ce que nous voyons de nos yeux, que là encore elle n'est point restée inactive dans le passé. A Grosnez, par exemple, la profondeur de l'eau, à marée basse, n'est pas inférieure à 12 mètres, et les blocs tombés des hauteurs, au lieu de s'accumuler sur le fond pour protéger la pointe au moins durant quelque temps, sont emportés par les courants, et laissent sans défense le pied toujours accore de la falaise.

Tant que la mer gardera son niveau actuel, la côte pourra ne pas varier sur les plages du sud, sauf l'émiettement des écueils et l'accumulation des sables; mais au nord elle reculera nécessairement. C'est par bonheur de ce côté que se dressent les remparts les plus résistants.

4° VALLÉES.

La distribution des vallées à la surface de Jersey montre qu'à l'époque de leur creusement, l'arête granitique et porphyrique qui court de Grosnez au moulin de Rozel s'était déjà dessinée, et qu'elle constituait une ligne de partage entre les eaux du nord et celles du sud. Ces dernières étaient elles-mêmes réparties entre les deux bassins de Saint-Ouen et de Saint-Aubin par le massif granitique de Saint-Brelade.

Aucune des vallées ne coupe l'île en son entier, et, par suite, quelque longueur qu'il plaise de leur supposer à l'origine, la portion que nous en connaissons ne peut être que leur tronçon supérieur. L'étude que nous allons faire du mode de creusement est donc indépendante de toute hypothèse sur l'ancienne étendue des terres autour du centre que nous occupons.

Les précipitations atmosphériques qui suivirent l'émersion de l'île, durent avoir une action fort lente dans cet espace resserré, et sur ce sol pierreux ou tout au plus couvert, à la longue, d'une mince couche d'argile. Cependant le ruissellement, favorisé par l'imperméabilité de la surface et par le peu de développement de la végétation, si tant est qu'elle eût déjà commencé sur cette terre nouvelle, produisit de petits ruisseaux. Ils convergèrent vers quelque pente ou gorge laissée par la mer comme une amorce au creusement de la vallée future; et les légers affouillements auxquels ils donnèrent lieu, tracèrent dès lors le plan de ces découpures ramifiées qui ajoutent tant de variété et de charme aux berges de chaque vallée principale.

Si nous cherchons maintenant où, de préférence, ont dû se préparer ces amorces des vallées, leur place nous apparaîtra naturellement marquée dans les schistes, moins résistants que les roches éruptives. Mais ce sera surtout à la jonction des deux terrains que la puissance d'érosion s'exercera; car les lames et les courants, déviés par les granites, se rejetteront sur la roche voisine et épuiseront, à ses dépens, leur force destructive.

Lorsque la mer aura disparu, le ruissellement concentrera les eaux pluviales dans cette dépression schisteuse; après l'avoir remplie elles s'en échapperont en torrent. Diffus peut-être et vagabond dans les premiers temps, le cours d'eau se fixera bientôt dans une direction unique et se pratiquera à travers la roche un passage de plus en plus profond. Les rives s'adouciront d'ordinaire par une dégradation lente dont le ruisseau entraînera les produits; mais si des éboulements venaient à y former des barrages, il se gonflerait, prendrait des forces, renverserait l'obstacle et déblaierait son lit.

La vallée une fois tracée augmentera de profondeur jusqu'à ce que le cours d'eau atteigne l'état de régime, où il n'aura plus que la pente nécessaire à son écoulement : travail qui ne sera accompli qu'au moment où la vallée, débouchant au niveau de la mer, montera d'une manière insensible jusqu'à son point d'origine. L'eau alors se contentera de couler, sans rien charrier avec elle du gravier ou du sable dont se compose le fond de son lit (1).

(1) On a creusé dernièrement dans la vallée de Millbrook un réservoir

Transon fait observer que les petites vallées qui sillonnent les plateaux de l'île, celles du moins qui se dirigent au sud et à l'est, se déclarent à leur naissance par une brusque dépression de terrain. On croit y voir, dit-il, des traces de grandes fractures. Pour moi, je n'ai constaté ces dépressions aux berges abruptes, qu'à la rencontre de deux roches d'inégale résistance, et ce fait se répète très souvent. Il est d'ailleurs des plus faciles à comprendre ; si l'extrémité supérieure de la vallée s'appuie contre un massif que le ravinement ne puisse entamer, elle se terminera brusquement par le premier bassin de réception des eaux pluviales qui lui ont donné naissance ; si au contraire, il n'y a pas changement de terrain, la dépression ira s'adoucissant dans la plaine jusqu'à y devenir insensible.

Mais comment la faible masse d'eau qui coule dans une région si restreinte pourra-t-elle, même avec le temps, produire ces vallées? Les pluies abondantes qui ont laissé des preuves incontestables de leur chute sur les continents voisins, sont également sans doute tombées ici. Mais encore faut-il une surface assez grande pour fournir un torrent un peu considérable.

sur l'emplacement d'un ancien étang comblé par les atterrissements du ruisseau. Le fond était un mélange de gravier et de cailloutis ; la surface ne contenait que de l'argile ou un sable très fin. Cette disposition s'explique aisément : au commencement la pente permettait au ruisseau d'entraîner du gravier, mais à mesure que le fond s'éleva, l'eau perdit de sa vitesse et n'apporta plus que des matières pulvérulentes.

Cela est très vrai et je sais que le temps est absolument impuissant à produire certains effets, s'il n'est secondé par une cause suffisamment énergique (1). Jamais, par exemple, des pluies, si diluviennes qu'elles fussent, n'auraient fourni le conglomérat de Sainte-Catherine dans les circonstances où il se trouve. Mais aussi pour creuser nos vallées n'avons-nous pas besoin de recourir à des agents bien puissants.

Admettons que les pluies, même les plus fortes, n'aient jamais pu donner lieu ici qu'à de faibles torrents ou même à nos ruisseaux tels qu'ils sont actuellement en hiver; je ne pense pas qu'il faille davantage pour le creusement de nos vallées. Voyons en effet ce qu'elles sont. Leur section, perpendiculaire à la longueur, a la forme d'un V; et si bien souvent nous la trouvons changée en U, c'est que l'homme y a passé pour établir sur le fond un ruban de prairies avec des canaux d'irrigation comme lisières. J'en conclus que jamais la masse d'eau qui a coulé dans ces vallées n'a été considérable; car jamais la rivière n'a essayé d'élargir son lit. Elle s'est toujours contentée d'être un petit ruisseau, creusant incessamment son fond tant que la pente est restée un peu rapide, mais ne prenant de ses berges que le produit du ruissellement ou parfois de l'éboulement; car les bords ne pouvaient rester à pic dans un terrain si morcelé et si friable.

(1) Voir un article de M. de Lapparent sur le Rôle du temps dans la nature (*Revue des questions scientifiques*, avril 1885).

Enfin l'observation la plus superficielle montre qu'une rivière tend à creuser sa rive concave; ce qui s'explique par la force d'inertie de l'eau : lancée dans une direction, elle ne peut en être détournée qu'en venant heurter contre un obstacle. En un mot, il y a tendance à couler en ligne droite. Cela rend compte de certaines particularités des cours d'eau qui se sont frayé un passage à travers un sol mêlé comme le nôtre.

Lorsqu'en effet une vallée a commencé entre deux terrains de nature différente, par exemple entre le schiste et le granite, il semble qu'elle ne devrait plus quitter leur plan de séparation; et cependant la tendance à la ligne droite l'emporte souvent : le ruisseau pour éviter un détour coupe la roche la moins résistante et en abandonne des traces ou des lopins du côté de la roche la plus dure (fig. IV, nos 1 et 3).

Si même la ligne de séparation fait un coude marqué et que le cours d'eau trouve devant lui le terrain le plus attaquable, il s'y lance définitivement (fig. IV, n° 2). Si au contraire il se heurtait au granite, ne dépensant à l'entamer qu'une faible partie de son énergie, il se répandrait à sa surface et ne tarderait pas à retrouver le terrain favorable qu'il avait un instant abandonné. Dans ce cas particulier, le granite pourra se rencontrer sur les deux rives au coude de la rivière (fig. IV, n° 3).

Ces principes trouvent leur application dans le

fig. IV

Coupe théorique des vallées

mode de creusement entre les granites et les schistes

1

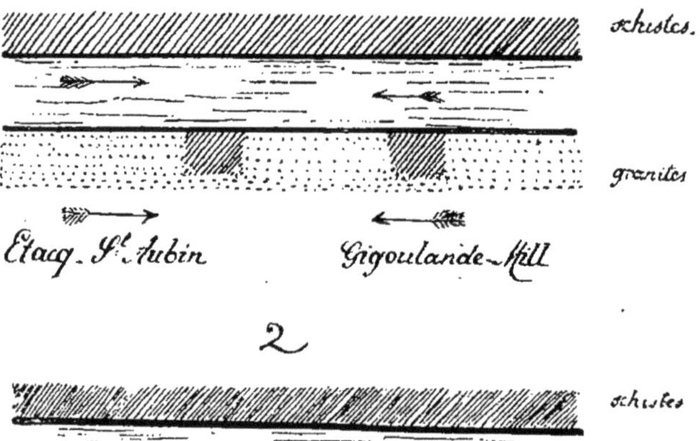

3.

creusement de plusieurs des vallées de Jersey. Celle de l'Étacq est immédiatement au-dessous de l'arête granitique du nord et elle la suit jusqu'à la mer. Elle est cependant tout entière dans le schiste, car il en reste même quelques lambeaux appuyés sur les granites de la rive droite (n° 1).

Les autres vallées de la baie de Saint-Ouen sont évidemment creusées dans le schiste, et en général leur axe se montre peu oblique à la direction des couches stratifiées.

Le ruisseau de Pont-Marquet, commencé dans le schiste, continue d'y couler en rasant quelques pointes granitiques sur sa rive droite (n° 3). Il descend vers le sud jusqu'à ce que le massif granitique de Greenville l'oblige à se rabattre vers l'est (n° 3). Dans la partie inférieure de son cours jusqu'à son embouchure à Saint-Aubin, il reprend sa première allure à travers les schistes en effleurant seulement les pointes de granite (n° 3).

La vallée de Saint-Pierre offre dans sa partie supérieure un remarquable exemple de la séparation des terrains. Depuis son origine à Sainte-Marie jusqu'à la Hague Mill, le schiste est à droite et le granite à gauche. La roche molle abandonne, à l'ordinaire, un petit coin sur la rive granitique au-dessus de Gigoulande Mill (n° 1). La roche dure ne se laisse entamer que dans l'arête où vient brusquement finir la vallée.

Le petit vallon qui remonte de la Hague Mill à l'école Saint-Anastase marque aussi la limite des granites du nord et les sépare des schistes; mais le ruisseau principal, plutôt que de suivre le détour, s'est jeté en ligne droite dans la roche friable (n° 2).

Les deux embranchements qui rejoignent la grande vallée, entre Gargate Mill et Moulin-Tesson, s'appuient à leur origine sur le plateau septentrional sans pouvoir y pénétrer. Je devrais, ce semble, signaler ici, comme contraire aux principes énoncés plus haut, le creusement de la branche qui relie Gigoulande Mill à la Hougue-Boëte, puisqu'elle est tout entière dans le granite, mais ce fait vient au contraire confirmer la théorie.

En effet, malgré sa longueur et l'abondance relative de ses eaux, cette vallée forme à peine, comparativement aux autres, une légère dépression dans le sol. Aussi débouchait-elle naturellement dans la vallée schisteuse par une sorte de cascade. On utilise à Gigoulande Mill cette différence extraordinaire de niveau, pour faire tourner les deux roues superposées d'un moulin à double étage.

La belle vallée de Millbrook se dessine à peine à son début, dans les porphyres pétrosiliceux; elle se creuse davantage entre les granites et les porphyres argileux, mais elle ne devient profonde qu'en entrant dans les schistes au-dessous de la carrière à porcelaine. En face des Handois la rencontre du massif granitique l'a rejetée à angle droit vers le sud ; et, comme à Greenville, un petit coin de la roche dure est resté au coude de la rive convexe (n° 3).

Le ruisseau de Bellozanne entame à peine les porphyres pétrosiliceux et argileux à son origine. Il coule ensuite dans les schistes.

La vallée des Vaux s'ouvre sur Saint-Hélier parmi les schistes et les spilites. A Augres Mill, pour passer entre les spilites et les porphyres pétrosiliceux, elle se relève soudain vers le nord.

Celle de Saint-Sauveur arrive à Saint-Hélier comme la précédente; elle est presque en entier dans les porphyres pétrosiliceux; mais de temps à autre son cours est jalonné par les porphyres argileux, à Paul Mill par exemple, aux Rouaux et à Moulin de Bas.

Le vallon qui aboutit à Catillon de Bas, sur la baie de Grouville, remonte jusqu'au massif porphyrique de la Tour du Prince. Il est creusé dans les porphyres argileux. A la hauteur de Francheville, il fait un coude très accentué pour éviter une pointe de spilite extrêmement dure, où l'on a jadis essayé une carrière.

La vallée qui descend de Saint-Martin à Grouville par Government Farm, débouche à Moulin de Bas, parmi les granites, les diorites, les spilites, les porphyres pétrosiliceux et les schistes. Très peu profonde dans sa partie supérieure, elle ne prend quelque importance qu'après avoir réuni, sous le Côtil, l'eau de ses trois branches.

Elle est rejetée vers la Ferme de Sa Majesté, au-dessous du chemin de Montorgueil, par la rencontre d'un porphyre gris plus dur, un peu bréchiforme, autrefois exploité et d'un aspect assez joli. Un jalon de schiste a laissé des traces entre le Moulin de Haut et le Moulin de la Reine.

Malgré ces particularités qui montrent bien que rien ne se fait au hasard, je ne vois pas, en dehors des jalons de schiste métamorphique, de causes immédiates déterminant la formation de ces vallées porphyriques, précisément à l'endroit où elles se trouvent : je parle de la vallée de Saint-Sauveur et de celle de Saint-Martin à Grouville. On peut remarquer cependant que les porphyres pétrosiliceux sont extrêmement variés : en général ceux où le quartz est plus abondant sont excessivement durs. J'ai signalé dans ce genre, au nord de Saint-Sauveur, la Pierre de la Fételle avec la pointe où elle repose. Ailleurs, au contraire, le feldspath domine et se kaolinise facilement. Il s'ensuit qu'au milieu même des porphyres, les cours d'eau trouveront des voies plus faciles dans certaines directions, et ils s'y pratiqueront un passage.

Il y a dans le conglomérat deux vallées principales, celle du manoir de Rozel, dite du fief, commence à la limite des porphyres ; elle les suit même sur sa rive droite jusqu'au-dessous de l'Auge, mais reste toujours dans le poudingue depuis son origine jusqu'à la baie de Sainte-Catherine où elle aboutit. Sa jonction avec le vallon du manoir de Rozel se fait dans les porphyres argileux. La petite vallée latérale qu'elle reçoit du sud, cent mètres plus bas (1), d'abord profonde dans le conglomérat, vient finir par une pente très rapide, dans le porphyre, au-dessous de Saint-Martin.

L'autre vallée importante remonte du port de Rozel et pénètre dans les terres par différents embranchements, qui s'arrêtent tous à la barrière que leur oppose la crête porphyrique depuis le moulin de Rozel jusqu'à la Tête des Houges. Je n'ai rien dit des petits vallons du Douet de la mer : ils sont en plein conglomérat. La petite dépression avec source et ruisseau, à l'est de la Tête des Hougues, marque la limite des porphyres à pyromérides et du conglomérat.

Le vallon qui relie la Trinité à Boulay Bay est dû lui aussi au conglomérat. Il remonte d'abord rapidement dans le porphyre qu'il a peu entamé. Arrivé au poudingue, à la hauteur de la route tournante, il perd complètement sa pente et forme même une sorte de marais, montrant qu'à cet endroit la dégradation a été plus facile. Enfin il se termine, presque abrupt, par deux petites branches creusées jusqu'à la limite de la roche tendre et embrassant entre elles une pointe de porphyre.

On remonte de Petit-Port vers le village de la Trinité

(1) La grande carte de Hugh Godfray, d'ailleurs si parfaite, prolonge en ligne droite, jusqu'auprès de la baie, la vallée qui commence sous Saint-Martin. Une amorce sur la mer, dans cette direction, a pu causer l'erreur; mais en réalité la petite vallée tourne presque à angle droit, vers son milieu, pour aller rejoindre perpendiculairement la vallée principale.

par un vallon creusé d'abord assez profondément dans le chloritoschiste de la côte, puis entre la spilite et le porphyre, mais se relevant subitement contre un seuil de cette dernière roche, auprès du groupe de maisons. Là il s'incline à gauche pour passer et s'élargir dans un prolongement du poudingue de Long Bank. Enfin le massif porphyrique le rejette vers la droite où il s'efface insensiblement.

La vallée du Lecq est tout entière dans le granite, et les roches n'y sont pas assez découvertes pour qu'on puisse assigner la raison de son creusement et de sa direction parallèle à la côte. A peu de distance de la mer, elle monte très rapidement, contrastant en cela avec les vallées du schiste. Celles-ci en effet sont toutes parvenues à l'état de régime; elles ne s'allongent plus, et presque aussi profondes à leur origine qu'à leur ouverture sur la mer, elles ne se creusent plus.

Pour les ruisseaux du nord de l'île, comme celui du Waterfall qui débouche dans la mer par une chute de 13 mètres, celui du Trou du Diable, ou encore celui du Douet de la mer, entre le Lecq et Plémont, ils ne parviendront jamais à l'état de régime, et tomberont toujours en cascades sur la côte. La mer, en effet, qui sape le pied de la falaise granitique, la fait reculer moins lentement que le cours d'eau ne creuse son lit; et il est vraisemblable que la côte serait emportée jusqu'à la source du ruisseau avant que celui-ci n'eût dégradé son fond jusqu'au niveau de la mer.

A l'ouest et au sud, le lit des petites rivières qui coulent sur la roche moins résistante, correspond assez bien au niveau actuel de la mer. S'il paraît le dépasser un peu, c'est que des amoncellements de sable sont venus relever la plage des principales baies, et ont par là même contribué à l'exhaussement du fond des vallées. Sans ces dunes inférieures et le bourrelet plus ou moins naturel qui en forme le contour, la mer pénétrerait encore dans la partie basse des ruisseaux; mais elle resterait néanmoins sensiblement au-dessous des points qu'elle atteignait sur les côtes, à l'époque où les baies se sont creusées.

§ V.

PASSÉ DE JERSEY.

1° VUE GÉNÉRALE : FORMATION DES GNEISS ET DES MICASCHISTES.

L'étude de la constitution physique et chimique de la terre, indépendamment des analogies tirées de l'astronomie, amène à conclure, presque sans doute possible, que notre globe fut autrefois tout entier à l'état de fusion ignée. Le rayonnement dans l'espace causa un refroidissement progressif et les composés les plus stables (1), provenant précisément des éléments les plus légers, arrivèrent à former autour de la masse liquide une couche d'abord pâteuse pénétrée de vapeur d'eau,

(1) Les composés les plus stables, c'est-à-dire les plus capables de résister à la dissociation par la chaleur. Or l'acide silicique et ses composés possèdent à un haut degré cette propriété, ainsi que tous les oxydes des métaux les plus légers et les chlorures correspondants.

La densité de l'eau étant prise comme unité pour les métaux, et celle de l'air pour les gaz, voici la densité des éléments les plus répandus dans les roches :

Potassium 0,86; Sodium 0,97; Calcium 1,6; Magnésium 1,75; Aluminium 2,56; Fer 7,7; Silicium 2,5; Carbone (graphite) 2,20. Oxygène 1,10; acide carbonique 1,5; Chlore 2,4; Hydrogène 0,07.

puis une croûte continue, mais encore bien fragile.

Les roches sont peu conductrices : la pellicule extérieure put donc, malgré la haute température des matières sous-jacentes, parvenir à un degré relativement considérable de refroidissement; et les eaux, jusque-là relancées dans l'espace à l'état de vapeur, commencèrent à se déposer.

D'ailleurs la pression fournie par cette énorme quantité de vapeur, aujourd'hui condensée dans les océans, et par l'acide carbonique fixé depuis dans les végétaux et plus encore, ce semble, dans les immenses dépôts de calcaire, contribuait puissamment aux premières condensations. Cette pression n'était pas inférieure à 250 ou 300 fois ce qu'elle est actuellement.

Tandis que l'enveloppe solide allait s'épaississant, la masse fluide interne subissait un retrait. C'était le résultat nécessaire de la perte continue de chaleur. Comme la peau d'un fruit se ride, quand, en hiver, il se dessèche et se contracte, de même l'écorce terrestre se plissa lorsqu'elle ne trouva plus un appui suffisant sur la matière rétrécie qu'elle recouvrait. De là des ondulations et des bosselures. Elles furent d'abord peu marquées; car les contreforts et les clefs de voûte n'étaient pas encore assez fermes, et n'auraient pu soutenir des masses comparables même à nos simples collines; mais ensuite, avec le progrès de la solidification, elles s'accentuèrent de plus en plus et constituèrent un commencement de relief du sol.

Cependant la température des eaux, estimée au moins à 300 degrés centigrades, ou plus de 500 Farenheit, leur donnait un pouvoir dissolvant considérable, et elles l'exerçaient largement sur le sol granitique où elles reposaient. Grâce à l'action mécanique de leurs vagues sur un fond encore peu couvert et nouvellement formé, grâce aussi à leur masse toujours accrue par la condensation de nouvelles vapeurs, elles purent malgré l'abaissement de la température conserver longtemps à l'état visqueux ou pâteux d'énormes quantités de roches reprises à la croûte solidifiée. Or ce sont ces masses remaniées qui, d'après les explications les plus plausibles, donnèrent naissance, en cristallisant et en s'isolant sous l'action de la concentration moléculaire, aux gneiss et aux micaschistes dont les éléments sont identiques à ceux du granite.

Ce travail incessant de retrait et de plissement produisait de nombreuses fractures dans la croûte solide. De grandes quantités d'eau se trouvèrent ainsi souvent ramenées au contact des matières incandescentes, et de larges plaques de l'écorce solidifiée furent replongées parmi les éléments en fusion. La vaporisation et la liquéfaction qui s'ensuivaient ne contribuaient pas peu à hâter le refroidissement intérieur, sur lequel désormais le rayonnement n'exercera plus qu'une action extrêmement lente.

Les dépôts cristallins s'épaississaient de plus en plus, et les matériaux ne leur faisaient pas défaut; car tandis que l'enveloppe devenue plus pesante s'écrasait sur un point, sur un autre elle refoulait jusqu'à la surface les matières fondues qui lui servaient d'appui. La mer y trouvait une facile et abondante contribution pour de nouveaux dépôts. C'est ainsi que, durant de longs siècles, se formèrent les immenses assises cristallines, devenues assez épaisses et assez continues pour qu'on puisse, à peu près partout, les trouver comme substratum commun de toutes les roches accessibles à nos investigations.

Les granites seront encore longtemps refoulés à la surface; mais le progrès de la solidification et par suite de la pression les amènera en masses de plus en plus compactes, et se prêtant d'autant moins au remaniement par les eaux. Celles-ci du reste perdaient insensiblement leur pouvoir dissolvant. Après les roches granitiques plus légères, les éléments plus lourds furent rejetés à l'extérieur. Ce fut le tour des syénites et des diorites. Reprises et remaniées par les mers, elles s'ajoutèrent ici et là aux dépôts de gneiss et de micaschistes, et donnèrent les amphiboloschistes. Enfin en dernier lieu se formèrent les chloritoschistes.

Il ne faudrait pourtant pas croire que des circonstances locales n'aient pu faire remonter des roches plus denses avant l'apparition d'autres roches plus légères. Mais nous ne pouvions qu'indiquer le mode général de formation du terrain primitif.

2° FORMATION DES SCHISTES.

A la fin de cette ère primitive, où l'eau chaude a remanié et dissous une grande partie des éléments fournis par le feu, et les a déposés en couches cristallines autour de la terre, quelques points émergeaient déjà, ou du moins se rapprochaient assez de la surface des eaux pour être soumis à leur action destructive. C'est ce que prouve la nature de plus en plus détritique que vont prendre les nouveaux dépôts. C'est en particulier ce qui se passait dans la région où devait plus tard se dessiner le golfe normanno-breton. En effet, aucun dépôt postérieur aux gneiss et aux micaschistes ne paraît s'être formé à Guernesey (1), aux Écréhous et à Saint-Malo. Il est évident du reste que ces sommets ou d'autres collines disparues étaient alors bien autrement étendus, sinon plus élevés, qu'aujourd'hui; car ils ont dû fournir à la mer cambrienne les matériaux de ces schistes encore un peu cristallins qui forment à peine la moitié de Jersey, mais qui constituent de vastes plateaux du côté de Granville, du Mont-Saint-Michel et du Mont-Dol.

Si quelque chose de ce qui forme aujourd'hui Jersey apparaissait au-dessus des eaux, ce ne pourrait être que

(1) La pointe ouest de Guernesey contient cependant, au sud du fort Pezeries, un petit massif de schiste semblable à celui de Jersey et durci par les granites qui forment cette extrémité de l'île.

le chloritoschiste de Vicart Point et de Petit-Port. Mais ce faible débris, quoique appartenant à la fin de l'ère primitive, a bien pu ne venir à la surface qu'à l'époque des porphyres pétrosiliceux auxquels il doit son état actuel de demi-métamorphisme. Parmi les terrains aujourd'hui visibles dans nos parages, les premiers formés, vraisemblablement aussi les premiers émergés, sont donc les assises gneissiques de Saint-Malo, des Écréhous et de Guernesey, avec les couches amphiboliques de Serk. Les espaces qui les séparaient pouvaient encore recevoir de nouveaux dépôts. C'est alors que la mer attaquant les côtes des terres déjà découvertes, ou balayant ses bas-fonds, en arracha les éléments des schistes et les déposa partout où elle conservait une profondeur et un calme suffisants (1).

3° ROCHES ÉRUPTIVES DE L'ILE.

Les granites du nord, les granites proprement dits de Jersey, sont-ils antérieurs aux schistes? Rien ne l'indique, mais toutes les autres roches éruptives leur sont certainement postérieures. Les preuves en sont évidentes; ce que j'ai dit de chaque terrain et en par-

(1) Comment des massifs granitiques, tels qu'il s'en élève à l'ouest et au nord de Jersey, comment surtout le Mont-Dol et le Mont-Saint-Michel, s'ils ont surgi à l'état pâteux, ont-ils pu former ainsi des élévations abruptes, au milieu des plaines? Ces rochers se trouvent en effet, aujourd'hui, isolés et accores; mais à l'époque de leur apparition, ils sont simplement venus, poussés par la pression de la croûte qui

ticulier des schistes métamorphiques, suffit pour justifier cette assertion.

On sait dans d'autres régions l'époque de l'apparition des roches éruptives par les dépôts qu'elles ont traversés. Or la venue des granites et des diorites se place aux périodes cambrienne et silurienne; nos granites porphyroïdes et les granulites appartiennent au dévonien ainsi que les diabases; les porphyres pétrosiliceux avec les porphyrites micacées sont de la fin de l'ère primaire, c'est-à-dire de la période permo-carbonifère, et les veines dioritiques ont traversé le trias.

Nous avons donc à Jersey une succession non interrompue des roches éruptives de toute l'ère primaire et du commencement de l'ère secondaire; mais il ne semble pas qu'aucun dépôt sédimentaire y ait été formé entre le cambrien et le carbonifère. En effet on n'y a découvert aucun fossile, ni terrain qui puisse rappeler les périodes silurienne et dévonienne. Il est vrai que

s'écrasait, remplir les fentes des gneiss ou des schistes rompus et s'étendre à leur surface. Le refroidissement subit au milieu des eaux, a bien dû parfois les durcir assez sur les bords, pour leur permettre de s'élever au-dessus des sédiments fracturés, comme il arrive pour la lave d'un volcan; mais rien ne prouve l'isolement originel des rochers granitiques. Au contraire, nous les voyons, à Jersey, à peu près de niveau avec les schistes vers l'intérieur des terres, et nous concevons aisément qu'à l'extérieur ces derniers aient disparu sous l'effort des vagues. A en juger par la hauteur et la nature des terrains qui constituent les côtes voisines du Mont-Saint-Michel et du Mont-Dol, il ne paraît pas non plus qu'à l'origine ces pics aient dépassé le niveau de la plaine. La mer, en balayant les roches moins dures, a isolé et laissé en relief les plus résistantes.

la masse des dépôts supérieurs aux schistes azoïques aurait pu disparaître depuis; mais comment n'en serait-il resté aucune trace? Comment surtout le conglomérat formé des roches de l'île, comme je vais le montrer, ne contiendrait-il, en fait de schiste, que notre cambrien si net et si peu varié? Ce conglomérat n'est pourtant pas antérieur au houiller supérieur, puisqu'il possède si évidemment des galets de porphyre pétrosiliceux. Je crois donc pouvoir conclure qu'aux périodes silurienne et dévonienne, Jersey était sinon émergé, au moins trop peu couvert pour recevoir des sédiments de quelque importance. L'éruption des porphyres pétrosiliceux aura encore accentué son relief sur les fonds environnants, et bientôt, non seulement les dépôts y seront devenus impossibles, mais sa surface elle-même aura été soumise à l'action destructrice des vagues. C'est du moins l'hypothèse qui me semble ressortir le plus naturellement de l'observation des faits.

4° FORMATION DU CONGLOMÉRAT.

La première condition pour déterminer l'origine d'un conglomérat, est d'indiquer les terrains auxquels il a pu emprunter ses éléments. Ici il ne faut pas les aller chercher bien loin : les roches sédimentaires et éruptives de l'île ne laissent rien à désirer. Je rappellerai que le poudingue se compose au moins pour les dix-neuf vingtièmes de schiste cambrien; le reste est du granite, du porphyre pétrosiliceux et du chlorito-schiste identique à celui de Petit-Port et de Vicart Harbour (1). Je ne pense pas qu'on y ait rencontré un seul caillou étranger à l'île (2).

Pour ce qui regarde la situation du conglomérat relativement à Jersey, et sa disposition intérieure, on y remarque ce qu'on assignerait *a priori* pour un dépôt fourni par les vagues balayant la surface de l'île. Il suffit donc d'admettre qu'à l'époque de la formation de ce terrain, Jersey était sous les eaux, mais à une faible profondeur. Ce fait ne pourra être révoqué en

(1) « La pâte du conglomérat de Verclut, dit Transon, est de même nature que les galets, *analogue à celle du schiste argileux*. Toutefois quelques galets paraissent formés de grauwacke à grains fins; d'autres, plus rares, sont des roches syénitiques ou granitiques où le feldspath paraît altéré. »

(2) Sur toute la côte de Jersey, sans excepter, comme le fait Ansted, la baie de Saint-Ouen, mais surtout en face de la Normandie, on trouve des silex pyromaques. Jamais aucun ne s'est montré *in situ* dans le conglomérat ni dans le reste de l'île. Ils proviennent sans doute de quelque banc crétacé toujours couvert par la mer. C'est entre la Coupe et le Couperon qu'on les rencontre plus nombreux; mais ils ne sont pas seuls apportés sur ce point. Les granites et les diorites de la tour Seymour, entraînés par les courants du sud, arrivent jusque dans Fliquet Bay et Saie Harbour. Là ils sont arrêtés par le contre-courant du nord et rejetés sur la plage. Par exception on y voit quelques morceaux bien polis de spilite qui ont longé, à marée montante, la côte sud jusqu'à la Rocque, avant de se rabattre vers le nord à travers les baies de Grouville et de Sainte-Catherine. L'existence de pareils courants est bien connue : « Le long de la côte nord de Jersey, dit le portulan, ainsi que le long de la côte sud, toute la marée de flot porte vers l'est et celle de jusant vers l'ouest... Il résulte de ce qui précède que les courants se rencontrent aux quatre angles de l'île, savoir : à la pointe de la Coupe, au cap Grosnez, à la pointe de Corbière et à la roche Conchée ».

doute par quiconque attribuera une origine pélagique au poudingue. Le dépôt atteint en effet toute la hauteur des roches plus anciennes. D'ailleurs la forme des fragments certainement roulés, la nature du ciment identique à celle des galets, la disposition intérieure des éléments, tout concourt, selon moi, à éloigner l'idée d'un tuf à pâte éruptive ou boueuse.

La mer couvrant donc encore le bas-fond qui prépare l'île future, en affouille la surface. La direction où elle poussera les matériaux arrachés au sol ne saurait être douteuse. Ce sera la direction moyenne des vagues, et les tempêtes produiront à elles seules des effets plus importants que de longs intervalles de calme. Du reste, à Jersey, la direction la plus commune des vents est précisément celle que suivent les tempêtes elles-mêmes : elles souflent de la partie de l'horiron comprise entre le sud et le nord-ouest. S'il est vrai que la rotation de la terre, quelle que soit la configuration du sol, détermine la marche générale des cyclones, le présent nous est un garant du passé : les débris de la surface de l'île ont été rejetés entre l'est et le nord. Voilà comment, à mon avis, la mer a appliqué sa force destructrice au nivellement de l'île, et, en même temps, sa puissance édificatrice à l'extension de la côte nord-est protégée contre le souffle de tempêtes.

Or la disposition interne de notre poudingue semble bien justifier cette première prévision. Les couches, peu marquées d'ailleurs, seront celles d'un remblai qui prolonge le flanc d'une colline et où les premiers éboulis versés servent d'appuis aux suivants. La pente sera pourtant plus douce; car c'est dans l'eau, et dans l'eau agitée, que viennent se précipiter les décombres. Le dépôt sera lui-même moins tumultueux; car les matériaux, n'arrivant que successivement à la même place, auront tout le temps de se tasser. Les grands axes des pierres tendront à se fixer de préférence dans la direction même du transport, puisque aussi longtemps que les blocs n'auront pas atteint cette position, ils offriront plus de prise à l'impulsion des vagues et moins de résistance à l'entraînement de la pesanteur. Enfin les masses de granite, de schiste et de porphyre seront disséminées indifféremment, c'est-à-dire sans distinction de place ni de niveau. Si une roche se présente plus fréquemment qu'une autre, cela ne pourra provenir que de la prise plus facile qu'elle aura donnée à l'érosion, et de la direction où elle se sera primitivement trouvée relativement au dépôt. Par suite, le massif granitique qui descend vers le sud jusqu'à la Hague Mill, aura fourni son contingent surtout aux environs de la Tour de Rozel; et le schiste de Saint-Pierre et de Saint-Laurent, avec celui dont il reste çà et là des traces à la surface du porphyre, sera venu presque seul dans les parages de Sainte-Catherine.

La même observation fera comprendre aussi pourquoi on ne trouve qu'exceptionnellement le granite porphyroïde et jamais, à ma connaissance, la diorite ni la spilite, dans ce qui nous reste du conglomérat. Pour les premières couches du dépôt, elles ne pouvaient guère être empruntées qu'aux roches les plus voisines, c'est-à-dire au porphyre pétrosiliceux; et l'on trouverait une raison simple et suffisante de la formation des petites strates porphyriques et argilo-schisteuses signalées à la base du poudingue, en admettant que le bas-fond d'où devait résulter Jersey s'est élevé lentement. D'abord la mer, encore trop profonde, ne pouvait entraîner que le gravier très peu roulé et la boue rougeâtre de la surface du porphyre. L'alternance pourrait être attribuée à la succession des vives eaux et des mortes eaux, ou encore aux calmes et aux tempêtes, comme nous l'avons dit plus haut à propos de la différence entre les couches du schiste cambrien. Mais lorsque la profondeur de la mer ne fut plus qu'une vingtaine de mètres, elle déploya toute sa force pour arracher, rouler et précipiter même les blocs de mille kilos. Tout ce travail est du reste antérieur à la pente actuelle de l'île vers le sud et au creusement des vallées.

L'inclinaison d'une trentaine de degrés observée dans ce dépôt, ne paraît pas supérieure à celle qui a dû se produire en pareil cas. De là il faudrait conclure que depuis l'apparition du conglomérat, l'île tout entière n'a jamais obéi qu'à un même mouvement d'élévation ou de subsidence, ce qui ne semblera pas merveilleux pour un espace aussi resserré.

Peut-être au lieu de regarder notre conglomérat comme un produit de l'érosion des vagues, aimera-t-on mieux y voir un dépôt d'eau douce et le rattacher aux formations analogues de la même époque, qu'on rencontre dans nos parages de l'ouest, en particulier à Littry, sur la limite orientale du Cotentin. Il est d'ailleurs reconnu que les dépôts permo-carbonifères, côtiers dans l'Europe septentrionale, sont continentaux au sud de l'Angleterre et de la Belgique (1) ; et par suite, selon toute vraisemblance, non seulement Jersey était découvert, mais il faisait partie du continent à l'époque houillère. Des torrents auraient arraché aux flancs de l'île future les éléments du conglomérat, et les auraient accumulés au pied de quelque pente à la place où nous les voyons aujourd'hui.

L'absence sur notre sol de tout dépôt sédimentaire postérieur au cambrien ajoute une nouvelle probabilité à l'hypothèse de cette primitive émersion.

Cette manière de voir, nous l'avouons volontiers, est trop bien appuyée pour nous laisser une confiance absolue dans la théorie que nous avons exposée plus haut ; néanmoins parce qu'il n'est pas impossible, selon nous, de trouver une réponse satisfaisante aux difficultés qu'elle oppose, et parce qu'elle ne nous semble pas elle-même tenir suffisamment compte des détails observés dans le conglomérat, nous regardons

(1) De Lapparent, *Traité de géol.*, 2e édit., p. 1302 et 805.

comme préférable l'explication que nous avons donnée.

D'abord pour user, arrondir et entraîner des galets et des blocs comme ceux que contient le conglomérat, à tous ses étages et dans toute son étendue, la mer, avec son flux et reflux, avec la direction changeante et la puissance de ses vagues, offre mieux les conditions nécessaires que des torrents, surtout dans une contrée où rien d'ailleurs ne démontre l'existence de vastes plateaux ni de hautes collines.

Et puis si Jersey était émergé depuis longtemps à l'époque houillère, on pourrait, je ne dis pas avoir l'assurance, mais au moins un certain espoir, de rencontrer quelque trace de végétation dans cette immense quantité de débris arrachés à sa surface et entassés solidement, au fond de quelque marais, sur une épaisseur de plus de 100 mètres et une étendue de plus de 4 kilomètres carrés. Or, bien que le poudingue, placé comme il l'est à un angle de l'île, soit très découvert, et ait été largement exploité sur plusieurs points, on n'y a encore signalé aucun reste en ce genre. Quant à l'absence de sédiments siluriens et dévoniens, on peut concevoir que l'apparition des granites, des diorites et des granulites, ait déjà assez relevé le fond de la mer pour empêcher tout dépôt important de s'y produire après la période cambrienne. Du reste si l'on veut que le sol ait été émergé durant la Transition moyenne, on ne fera point une supposition impossible ni sans exemple, en admettant que plus tard il s'est retrouvé plongé sous les eaux. Dans cette dernière hypothèse, l'érosion par une mer qui aurait dispersé au loin les produits végétaux, expliquerait encore la stérilité des dépôts.

Enfin le régime continental n'était pas absolument établi dans nos régions, au moins dès le commencement de la période où se place la formation de notre conglomérat, puisque la mer anthracifère a pénétré dans le Cotentin où elle a déposé les calcaires de Régneville et sans doute aussi ceux de Bahais et de la Meaufre, près Saint-Lô (1).

Maintenant, quoi qu'il en soit du mode de formation, la conservation du conglomérat est évidemment due à sa position abritée contre les vents du sud-ouest.

5° PRÉPARATION DE L'ÉTAT PRÉSENT DE JERSEY.

Les seules roches qui se soient fait jour à Jersey depuis la formation du poudingue, sont les veines de porphyrite micacée et quelques filons dioritiques. Or ce passage de la porphyrite micacée à travers le conglomérat prouve, d'après MM. de Lapparent et Michel-Lévy, que ce dépôt ne saurait être postérieur à la base du permien. L'île tout entière, si on en excepte quelques filons dioritiques, remonte donc au delà de l'ère secondaire (2).

(1) De Lapparent, *op. cit.*, p. 847.

(2) Jersey ne possède ni le marbre ni le calcaire déposés sur les con-

La vie existait déjà depuis bien longtemps, dans la mer et sur la terre, lorsque Jersey se complétait par ces deux remarquables formations des porphyres pétrosiliceux et du conglomérat, mais elle ne pouvait se montrer dans les roches éruptives, ni se développer dans le chaos des blocs, des galets et des graviers entassés sur le côté de l'île.

Je ne sais si la mer s'éloigna jamais beaucoup des côtes de Jersey, mais il est sûr qu'elle les battit assez de temps pour y produire les larges et profondes échancrures décrites plus haut, et préparer ainsi des ports aux navires et des abris aux demeures des futurs habitants.

D'après M. Hébert, la succession des terrains jurassiques du bassin de Paris est due à une série de grandes oscillations auxquelles a participé tout le sol de la France, même les régions montagneuses de l'Ardenne, des Vosges, du plateau central, de la Bretagne et de la Vendée. Ces mêmes oscillations, mais moins amples, se sont renouvelées durant l'ère tertiaire (1).

tinents voisins durant la période dévonienne et durant l'ère secondaire et tertiaire; il a recours à la France pour se procurer la chaux. Mais, après tout, il ne la recherche que pour bâtir. Car, sans parler des 300,000 kilogrammes de chaux que la pluie chargée d'embruns déverse chaque année sur son sol, le sable et la tangue de ses baies et le varech de ses rochers lui fournissent assez de débris de coquillages pour les besoins ordinaires de l'agriculture. Le guano, employé aujourd'hui si largement pour la culture intensive de la pomme de terre, est une autre source de sels calcaires.

(1) *Comptes rendus*, t. XLIII et XXXII.

De là on doit conclure que les contreforts de ces régions montagneuses ont été tour à tour visités et abandonnés par la mer. Jersey aura sans doute suivi le sort des collines de Bretagne et du Cotentin, mais l'absence complète de toute nouvelle trace du passage de la mer sur la surface de l'île, fait supposer que depuis son premier retrait à la fin de la Transition, elle ne l'a jamais recouverte de nouveau.

Or pendant la longue durée des siècles nécessaires aux dépôts superposés des régions voisines et aux modifications profondes dont ils portent l'empreinte, tandis que les vagues disloquaient, broyaient et usaient les roches du rivage et en dispersaient les fragments ou la poussière; tandis que les pluies, réunies en petites rivières par le ruissellement et les sources, creusaient les vallées, l'air humide accomplissait aussi son œuvre: il désagrégeait peu à peu les roches de la surface de l'île, en leur enlevant le silicate alcalin, partie soluble des feldspaths, et il laissait, à la place de la pierre nue, l'argile siliceuse, fond premier de notre terre labourable.

Quelles furent alors la flore et la faune de Jersey? La seule analogie avec les pays voisins pourra nous le faire présumer, puisqu'il ne s'est formé ici aucun dépôt pour nous conserver, à l'état fossile, les plantes ni les animaux de ces époques reculées.

6° GÉOLOGIE QUATERNAIRE ET MODERNE.

Ancienne étendue des côtes.

D'après les traditions de Jersey recueillies par M. Le Cornu, président de la Société Jersiaise d'archéologie, et publiées en 1883 dans le *Bulletin* de la Société, il y eut autrefois une forêt dans une partie de la baie de Saint-Ouen, maintenant submergée ou couverte de sable.

Les restes de la forêt n'ont pas d'ailleurs complètement disparu et, surtout après les grandes tempêtes, on en retrouve des traces dans la grève comprise entre la tour de l'Étacq et le martello le plus voisin, dit Les Laveurs. Pour ma part, le 5 février 1885, à la suite des tempêtes des jours précédents, j'ai pu constater leur existence sur une étendue de plus d'un hectare, entre les roches basses de la grève et le talus récemment construit le long du rivage.

Des tiges sortaient du sol de 20 centimètres environ ; elles étaient droites et dans leur position native. La plupart ressemblaient à celles que laisserait un bois taillis, et les plus grosses atteignaient à peine un décimètre de diamètre, encore ces dernières étaient-elles assez rares. Elles pénétraient par leurs racines dans une marne verdâtre, recouverte çà et là d'une couche d'humus de 10 à 20 centimètres d'épaisseur.

Dans bien des endroits des racines traînantes avaient maintenu enlacée cette terre végétale et elles convergeaient vers un point où l'on reconnaissait une souche de taillis et non de haute futaie. Je n'ai rencontré qu'un tronc de chêne de 1^m,50 de long sur 30 centimètres de diamètre. Il était couché perpendiculairement à la côte, mais je n'ai pu savoir de quel côté avaient été ses racines. Peut-être d'ailleurs n'était-ce qu'une branche. Une grosse souche, de même nature, dépassait la terre de 40 centimètres et avait au moins 1^m,50 de diamètre. Elle a conservé ses fibres devenues noires et restées très résistantes. Les racines qui pénètrent dans le sol sont moins dures, mais elles ont gardé leur texture ligneuse. Les traditions parlent de nombreux troncs de chêne découverts dans toute la baie après les grands mouvements de la mer.

Pour les petites tiges qui, avec les racines, constituaient l'ensemble des restes visibles alors de cette forêt, elles étaient presque complètement pourries; cependant l'écorce et l'épiderme étaient encore assez bien conservés. J'ai remarqué, dans la terre végétale, des radicelles et des tigelles rameuses appartenant sans doute à la bruyère; mais l'aune, essence qui aime le bord des eaux, était dominante sur ce point.

Un an plus tard, après de nouvelles tempêtes, le même point de la grève présentait un tout autre aspect. La partie basse couverte de tigelles l'année précédente, était alors remplie de sable amoncelé, et il n'y avait plus trace d'humus ni de végétation. Au pied du cordon de galets au contraire, à 100 mètres au nord de la tour Les Laveurs, une énorme souche de chêne, de la grosseur de celle qui a été décrite, mais creuse au milieu, sortait de terre de 10 à 20 centimètres. Au même endroit s'étalaient aussi un grand nombre de souches d'aune.

En longeant le cordon de galets vers le sud, jusqu'en face des Barracks de Saint-Pierre, on retrouve partout une terre plus ou moins tourbeuse, rappelant un ancien fond tantôt de prairies, tantôt de bois taillis. La position que ces restes occupent, près du rivage, donne l'idée d'une plaine couverte de semblables racines, au-dessous des deux ou trois mètres de sable formant les terrains actuellement émergés au fond de la baie. Le fait de la terre végétale ensevelie sous les mielles est d'ailleurs bien constaté (1). Un ancien pêcheur affirme avoir trouvé autrefois de cette terre mêlée de bois, jusqu'au delà des rochers de la grève; et un autre a vu des racines dégarnies sur le haut même de l'un de ces rochers.

Il y a vingt et quelques années, les habitants de l'Étacq utilisaient encore, sous le nom de *biète* (blète), ces souches ramollies retirées de la grève ; quinze jours d'exposition à l'air sec suffisaient pour rendre propre à la combustion cette tourbe de bois. Mais depuis la

(1) *Bulletin S. J. A.*, p. 390.

construction du talus, pour n'en pas dégarnir le pied ni faciliter l'affouillement de la côte par la mer, défense a été faite de continuer cette extraction.

L'humus qu'on retrouve dans la grève d'Azette sur une marne semblable à celle de l'Étacq, montre que la baie de Saint-Ouen n'a pas été le seul côté envahi par la mer. Je tiens aussi d'un habitant de Jersey, qu'en 1825 il a vu plusieurs chênes entre l'Hermitage et le port de Saint-Hélier. On vient de retirer des vases de ce même port un gros tronc, de chêne, je crois, mais il était sans racines, et bien qu'il semble tout à fait brut, on peut conserver quelque doute sur sa provenance. Enfin immédiatement au-dessous du remblai qui longe la muraille du martello à Pontac, non seulement de la terre végétale, mais de la vraie tourbe était très visible le 14 janvier 1884. Le même jour un vieillard de soixante-douze ans est descendu dans la grève pour me montrer aussi deux souches d'arbres enplace. Il a été tout confus de ne pas les retrouver, après les avoir vues tant de fois. Il a fallu le consoler en disant que le sable les avait sans doute recouvertes. Je me souviens, ajouta-t-il, qu'un de mes voisins, qui aurait maintenant quatre-vingt-quatorze ans, disait avoir vu autrefois cette même terre s'étendre jusqu'aux grands rochers, c'est-à-dire à 300 ou 400 pas de la côte. Il ne lui semble pas d'ailleurs que depuis sa jeunesse le niveau de la mer ait varié. On trouve parmi les galets de cette plage, ainsi que dans la baie de

Saint-Ouen, des mottes de tourbe roulées, d'une assez grande consistance.

Ce dont nous sommes témoins à Jersey, se reproduit à Guernesey et sur les rivages de Bretagne et de Normandie. Il est donc évident que par le passé, la mer s'est retirée assez loin, pour permettre à des forêts de se développer sur de vastes plages, aujourd'hui submergées. Plusieurs siècles ont été nécessaires au semis et à la croissance de ces forêts; mais ce n'est pas la seule indication d'une longue période où le sol a dû être plus élevé. L'épaisseur des couches d'argile formées en place, sur les rochers granitiques de la grève, a exigé aussi un temps considérable. On peut en juger par ce qui s'en est conservé sur un rocher de la Pointe des Pas, ou sur les deux pics qui font face au Hocq de Pontac, ou mieux encore à l'îlot de la Motte. Ici l'argile compacte atteint au moins 3 mètres d'épaisseur. Celle du sol de Saint-Hélier, quoique très épaisse, est moins significative; car elle est due en grande partie au ruissellement des collines environnantes (1).

Retour de la mer.

Après ce long retrait des eaux, il se produisit un mouvement en sens contraire, et non seulement la mer recouvrit les plaines qu'elle baigne aujourd'hui, mais dans certaines régions, elle aurait même atteint

(1) C'est à cette époque d'élévation du sol qu'on peut rapporter le monument mégalithique de la Première-Tour. Les roches qui le composent proviennent, ainsi que l'a fait observer M. le Cornu, des en-

un niveau plus élevé. L'époque précise de cette submersion n'est pas connue ; on sait toutefois qu'elle n'est pas antérieure au troisième siècle. En effet MM. Gosselet et Rigaux ont signalé sur le rivage flamand des dépôts marins recouvrant des débris de l'époque romaine, entre autres des monnaies, dont les dernières appartiennent au règne de Posthume (261-267). De son côté, M. de Mercey a trouvé dans la vallée de la Somme, à Ailly, à Breilly, etc., une couche à coquilles marines et débris de poteries romaines, dépassant de 20 mètres le niveau moyen des marées actuelles (1).

Plus près de nous, dans le lit de la Sélune, sur le trajet du chemin de fer d'Avranches à Pontorson, des objets romains ont été découverts au-dessous d'alluvions marines. Rien donc ne s'y opposant, il est naturel

virons d'Elizabeth Castle. Ce sont des granites roses avec quelques blocs de spilites. Ces derniers ont été extraits de la partie de la grève comprise entre le château et Cheapside; car l'un d'eux porte des traces de son contact avec le granite. Deux petites pierres seulement appartiennent au granite porphyroïde de Noirmont, et un bloc de diabase à cristaux, faisant partie du cromlech, est sorti de la veine qui coupe le rocher de l'Hermitage. Les mêmes parages ont fourni un petit morceau de diorite. Plusieurs roches de l'allée couverte, comme l'ont remarqué MM. Osborne, C. Powell et E. Duprey, secrétaires de la Société Jersiaise d'archéologie, ont été prises dans une grève à galets, ce qui ne prouve nullement, c'est la réflexion des mêmes auteurs, que la mer couvrit la baie au temps des druides. Rien n'empêche, en effet, que les constructeurs n'aient extrait les matériaux de terrains depuis longtemps découverts. Que la mer s'éloigne aujourd'hui, et bientôt il n'en sera que plus facile de recueillir autour d'Elizabeth-Castle, des blocs roulés et polis semblables à ceux que nous voyons dans ce monument si heureusement conservé par M. Gervaise Le Gros et si bien décrit par M. Edwin K. Cable.

(1) *Bulletin de la S. G. F.*, 3e série, t. V.

de rapporter à cet affaissement du sol, la destruction de la forêt de Scissy ou Chausey et l'envahissement du pied du Mont-Dol. Sur ce dernier point, la mer a monté de 5m,50 au-dessus du niveau de nos hautes marées. Elle a recouvert des éboulements dans lesquels on a trouvé, avec des silex taillés, d'abondants débris de la faune dite quaternaire. Bien qu'il n'y ait aucune nécessité d'attribuer à ces restes une très grande ancienneté, on peut, si on le veut, supposer qu'ils étaient abandonnés depuis longtemps dans quelque grotte du flanc du monticule, lorsque la mer vint en attaquer la base (1).

Si l'on avait reconnu sur les côtes des îles de la Manche des traces, également récentes, d'un niveau plus élevé de la mer, il faudrait les rapporter à ce même envahissement des eaux. Non seulement, comme il a été dit plus haut, il ne s'est pas produit avant la fin du troisième siècle, mais M. Gosselet a même quelque indice pour le retarder au moins jusqu'au commencement du cinquième (2). Du reste, puisque d'après les plus anciennes traditions écrites du Mont-Saint-Michel, il s'est fait peu à peu, *paulatim*, il a pu se continuer durant le sixième et même le septième. Quoi qu'il en soit, au neuvième siècle, la mer se serait déjà retirée en grande partie, et depuis le dixième le mouvement de retour aurait recommencé et peut-être se con-

(1) *Gisement du Mont-Dol*, par l'abbé Hamard.
(2) *Revue scientifique*, 27 juillet 1878.

tinue-t-il encore (1). Je ne dis rien de la fameuse marée de 709 qui, au dire de quelques-uns, a causé tout le mal : elle n'a jamais eu de réalité que dans l'imagination de son inventeur (2).

On a, sur ces données, admis pour les côtes septentrionales de la France une double oscillation en sens contraire, dans les dix premiers siècles de l'ère chrétienne. D'abord la mer aurait suivi une marche ascendante jusque vers le septième siècle (3) ; puis, après un mouvement rétrograde jusqu'au dixième, elle aurait de nouveau repris sa marche envahissante. Mais aujourd'hui même elle n'aurait pas encore entièrement reconquis les limites de son premier envahissement.

Je dirai pourquoi je ne puis admettre pour Jersey ce double mouvement, au moins avec l'amplitude qu'on lui attribue, et comment je suis au contraire amené à croire que, depuis l'occupation romaine, les côtes ont toujours obéi au même mouvement de subsidence jusqu'au quinzième siècle. Je reconnais cependant volontiers que certains documents historiques, concernant

(1) *Bulletin de la S. G. F.* supra.

(2) Cf. *Gisement du Mont-Dol.*

(3) M. l'abbé Hamard insinue dans le supplément au *Gisement du Mont-Dol* que le premier retour de la mer doit, suivant toute apparence, être fixé avant la fin du sixième siècle, et il le ferait même volontiers remonter tout à fait au début de l'ère chrétienne. Mais l'ensemble des traditions et des histoires locales recueillies par M. Quenault, ne semble pas laisser de doute sur l'existence au cinquième siècle de la forêt de Scissy entre Chausey et le Mont-Saint-Michel.

la submersion des rivages de l'île, pourraient à la rigueur, si on ne considérait que leur date, se concilier avec cette double oscillation. Le désaccord, d'ailleurs, s'il ne s'agit que des dates, ne pourrait porter que sur des faits antérieurs au dixième siècle, puisque depuis cette dernière époque le sol est, de l'avis de tous, dans une période d'affaissement.

Voici, ce me semble, quelle a été la suite des événements. Dès les premiers siècles de notre ère, la mer a commencé à envahir les côtes, mais jusqu'au milieu du sixième siècle, c'est-à-dire au temps de saint Lô, évêque de Coutances, les courants n'ayant pas encore affouillé l'isthme de la Chaussée des Bœufs, le passage est demeuré pratiquable entre la Normandie et la presqu'île de Jersey. Il est dit, en effet, qu'à cette époque les habitants de Jersey devaient préparer une *planche* pour le passage de l'archidiacre, quand il venait exercer dans leur île les fonctions de son ministère (1).

Le sol continuant à s'abaisser, toute communication, même à mer basse, eût été, dans l'hypothèse de la double oscillation, interrompue, durant deux ou trois cents ans; mais entre le neuvième siècle et la fin du

(1) Dans un des bras de la Rance, au-dessous de la Tourniole en Pleudihen, deux passages, couverts de plusieurs mètres d'eau à mer haute, portent le nom de *planches* : c'est *la Petite et la Grande Planche*. Quand la mer se retire, on les traverse sur quelques pierres espacées dans le ruisseau; mais il n'est pas douteux qu'on les a franchis autrefois sur une *planche*. Si un haut personnage eût dû s'en servir à époque déterminée, les riverains auraient eu sans doute l'obligation de la tenir en bon état, ou même de la renouveler tous les ans.

douzième, sans peut-être que la *planche* de la Chaussée redevînt suffisante pour le passage de Jersey à Saint-Germain, les Écréhous, du moins, auraient été très habitables, et se seraient trouvés en relation assez facile avec la côte normande, puisque ce fut en 1203 seulement que le seigneur de Pratel y fit bâtir une église, *attendu que les habitants ne pouvaient plus venir entendre la messe à Port-Bail en Cotentin.*

Ce passage des Écréhous à la terre ferme demeuré toujours libre, selon moi, jusqu'à la fin du douzième siècle, mais nécessairement assez longtemps interrompu dans l'hypothèse que je rejette, ne prouve pas que des Écréhous à Jersey la communication restât également ouverte. Entre les deux îles la profondeur n'est jamais inférieure à 20 mètres, tandis qu'entre les Écréhous et Port-Bail, c'est à peine si le fond ne découvre pas. J'en excepte deux chenaux évidemment creusés par les courants actuels et où toutefois la profondeur ne dépasse pas 9 mètres.

L'île de Césembre n'était pas non plus entièrement séparée de Saint-Malo au treizième siècle, et elle ne paraît même l'avoir été définitivement que dans la première moitié du quinzième, puisque les *Prairies de Césembre*, dont le domaine public et le chapitre seigneurial se disputaient la possession, ont été affermées jusqu'en 1437.

Les autres faits relatifs à Jersey et reposant sur des affirmations précises sont l'existence d'un port à l'Étacq en 1274, la destruction de la forêt de la Brequette en 1356 et l'envahissement des Quenvais par le sable en 1495.

Un port à l'Étacq vers la fin du treizième siècle n'a rien que de naturel dans toute hypothèse; mais comment concilier son existence avec la forêt de la Brequette? D'abord s'il était dans la petite anse où il se trouve aujourd'hui, on peut remarquer qu'il communiquait avec le large par un long chenal nommé la *Bouque*. Les rochers qui bordaient ce passage pouvaient être couverts d'argile, et assez élevés au-dessus du niveau du port, non seulement pour conserver leur végétation, mais encore pour protéger contre les marées quelques parties plus basses de la plaine. Nous pouvons nous faire une idée de l'état de la forêt et de la mer à cette époque, en voyant ce qui se passe maintenant autour de la Mare de Saint-Ouen, aussi bien que dans la baie de Grouville, ou mieux encore dans la plaine de Samarès.

Cette dernière plaine est en effet, dans son ensemble, au-dessous du niveau des grandes marées. Un long cordon littoral, formé par la mer et fortifié, dans ces derniers temps, d'un talus en pierre, défend les champs, les arbres et même bien des maisons. Or nous avons d'excellentes raisons de penser qu'il y a cinq cents ans, la partie nord de la baie de Saint-Ouen était dans des conditions à peu près semblables. Et en effet, puisque des arbres ont existé sur toute cette plaine, l'eau s'était évidemment retirée jusqu'au delà des rochers. Mais sur une plage qu'elle ne couvre pas tout entière, la mer se crée toujours à elle-même une barrière par l'accumulation du sable et des cailloux que, deux fois par jour, elle pousse devant elle. Nous le constatons sur tout le contour de l'île, depuis Gorey jusqu'à Saint-Aubin, et dans toutes les anses ou baies un peu relevées au-dessus du niveau de la mer. Ajoutons que la direction des vents sur cette plage de Saint-Ouen, ouverte à l'ouest, n'a pu que favoriser le développement de cette barrière. L'appui du reste ne lui manquait pas au bord du vaste plateau schisteux de l'Étacq, et le banc du Rigdon, situé un mille plus au large, et couvert aujourd'hui de deux mètres seulement à mer basse, aura, avec le sillon qui le réunit à la côte, défendu les terres émergées, s'il n'a pas lui-même constitué la base du cordon protecteur (1).

C'est la rupture de ce cordon, durant une tempête, qui aura déterminé l'envahissement de la baie. « En l'année 1356, dans la paroisse de Saint-Ouen, la mer engloutit un assez riche canton de terrain. Les registres de l'Échiquier font mention d'un peuple qui habitait cette portion de terre. La forêt de la Brequette fut renversée et engloutie par l'affreux ouragan d'alors. En ladite année 1356, John Maturins était gardien

(1) En face de Jersey sur la côte française, au nord du cap de Carteret, les dunes peuvent atteindre une quarantaine de mètres d'élévation. Elles constituent un cordon dont un simple ruisseau empêche le progrès vers l'intérieur des terres. Or derrière ce cordon s'abrite, contre les vents d'ouest, un vallon fertile et boisé.

de l'île ». Un manuscrit du *British Museum*, de 1685, résume ainsi les anciennes traditions sur ce sujet. « Il est reconnu, et les écrits du temps nous le disent, que dans la paroisse de Saint-Ouen, la mer a envahi, ces trois cent cinquante dernières années, la plus riche partie du sol de cette paroisse. C'était un vallon partant de l'Étacq et allant jusqu'au delà de la Mare de Saint-Ouen, et s'étendant du pied des Monts jusque bien avant dans la mer, et aujourd'hui même on trouve encore, à mer basse, des troncs de chêne enfouis dans le sable, et parmi les rochers des ruines de constructions (1) ».

On peut remarquer que cet espace correspond précisément au plateau des rochers qui s'étendent dans la grève actuelle et aux terres, maintenant couvertes de sable, que ce plateau protégeait contre les vents du large. Ce vallon devait être en effet très fertile, car son exposition était des plus avantageuses. A l'abri du souffle de la bise au nord et à l'est, il reçoit à l'ouest et au sud les chauds rayons du soleil. L'humidité entretenue par les ruisseaux découlant des vallées ne pouvait d'ailleurs y faire défaut.

Formation des dunes.

La mer couvrit donc la plaine, au moins en grande partie, durant les vives eaux. Ne pouvant par les courants de flux et de reflux qu'agrandir la brèche déjà

(1) *Bulletin S. J. A.* 1883, p. 383 et 388.

ouverte, elle fit continuellement de nouveaux progrès, poussa devant elle les débris de son ancien rivage, et les dispersa sur le fond de la baie.

Le vent d'ouest continuant au jusant l'œuvre de la marée, les sables s'accumulèrent ici ou là en tas isolés; mais ils finirent par constituer dans leur ensemble, jusqu'au pied des collines, cette vaste terrasse, épaisse de deux ou trois mètres, le long de laquelle se dessine le rivage actuel. Ce terrain bas et sableux, ces *mielles* qu'on essaie de rendre à la culture, mais qui ne fournissent en général qu'un bien maigre pâturage, sont assez planes vers le nord, mais accidentées et mamelonnées au sud où elles commencent les dunes des Quenvais. Les buttes sont ordinairement plus élevées le long du rivage, et elles forment à la plaine un abri atteignant parfois 6 à 7 mètres de hauteur.

Aux environs de l'Étacq, et en face de la Mare qui occupe à peu près le milieu de ces sables, on a bâti un talus en pierre pour se défendre contre de nouveaux envahissements de la mer. Par contre, au sud, en face de la Rocco, des éboulis de cette terrasse sont emportés à chaque tempête (1).

(1) La terrasse avec le bourrelet qui la couvre le long de la grève forme une petite falaise assez à pic, dont les lames sapent la base. Malgré cela le bourrelet ne disparaît pas; car, toujours relevé par le vent, il recule avec le rivage. Le pied de la falaise est du reste moins meuble que le sable ordinaire, grâce à sa transformation en *alios*. Le peu de végétation qui revêt la terrasse se décompose lorsqu'elle est recouverte par un nouvel apport du vent. Les infiltrations de la pluie, des embruns

« Depuis quelque temps, dit M. Le Cornu, la mer a enlevé du côté sud de la baie, deux tours et le terrain sur lequel elles étaient construites. » Il s'agit de la tour du Sud et de celle de la Pierre-Buttée, toutes deux voisines de la charrière de la Rocco. Ce qui reste de leurs débris est presque totalement enseveli dans le sable. Le troisième martello, situé à quelques pas au sud du magasin à poudre, ne tardera pas à suivre les deux premiers, puisque ses fondements, du côté de la mer, et un pan de sa muraille sont déjà arrachés.

Cependant un siècle après le désastre de la forêt de la Brequette, la mer n'avait pas encore complètement détruit son ancien cordon littoral, puisqu'en « 1495 un grand banc de sable fut jeté par une tempête, au plein de la mer, qui monta et ensevelit cette longue étendue de terre à l'ouest de ladite Isle, laquelle ressemble à un désert ». (*Loc. cit.*) D'après ce document le grand envahissement des Quenvais n'eut lieu qu'à la fin du quinzième siècle, lorsqu'une masse plus considérable de sable fut amenée sur la côte.

Quand donc la plupart des prairies du fond de la baie

ou même des lames entraînent ces débris organiques dans la couche inférieure, où ils servent avec l'élément ferreux suroxydé, à agglutiner et à cimenter les graviers et le sable. Il en résulte une sorte de grès généralement brun, mais foncé parfois jusqu'au noir, et assez consistant pour former le long de la falaise comme une tranche stratifiée. Cette même formation, non plus par superposition du sable aux matières organiques, mais par éboulement des terres végétales mêlées aux graviers de la plage, se retrouve à Petit-Port, entre la Pulente et Corbière, à Belcroûte Bay sous Noirmont et au milieu de Bonne-Nuit.

furent recouvertes, et que le sol eut perdu avec sa végétation, la facilité de fixer le sable, les tourbillons de l'arène desséchée, comme il arrive encore parfois aux jours de grand vent, franchirent les falaises et se dispersèrent sur les coteaux. Quoique l'histoire ne fasse remonter les premières dunes, dignes de ce nom, qu'à la fin du quinzième siècle, il est à croire qu'elles ont commencé avant cette époque, dans la région des Quenvais, tant les circonstances sont favorables à l'afflux et à la marche des sables sur cette partie de la côte.

La disposition même des lieux permet de suivre cet envahissement dans toutes ses particularités. Le plateau schisteux de l'Étacq, occupant presque toute la grève jusqu'au niveau de mer basse, ne laisse aucune prise à l'action desséchante du soleil et au souffle du vent dans la partie nord de la baie. C'est pourquoi les collines, contre lesquelles s'appuie le village, ont été complètement préservées. En face de la cueillette des Grantez, l'estran s'aplanit et les rochers n'offrent plus qu'une étroite barrière au sable affluant du sud-ouest ; aussi toute cette partie de la côte jusqu'à la vallée de l'Étacq, sauf la pointe rocheuse de la Thiébaut, a-t-elle été recouverte. Le sable a remonté la pente assez douce des Hanières, mais il a surtout pénétré par l'ouverture du vallon de la Ville au Bas.

Les collines qui suivent vers le sud jusqu'aux Barracks de Saint-Pierre, bien que répondant à une partie de la grève encore plus ouverte, sont cependant demeurées indemnes; car elles sont séparées de la mer par l'immense étang du seigneur et par toute la région basse et humide du val de la Mare, où le ruisseau de la grande vallée déverse ses eaux : conditions absolument contraires au développement des dunes. Tout cet espace lui-même, inférieur en bien des points au niveau des hautes marées, n'a pu être comblé par le sable venant du large ; car l'eau filtre à travers le cordon littoral et se répand en éventail sur la plage légèrement inclinée : d'où il résulte non seulement que cette grève est impropre à fournir elle-même le sable des dunes, mais que de plus elle arrête celui qui, poussé du nord-ouest et du sud-ouest, vient passer obliquement sur elle.

Au sud de la baie, au contraire, tout concourt à la formation d'un petit Sahara. La grève est entièrement dégarnie de rochers; le ruisseau des Quenvais est sans importance; le vent du nord-ouest est ordiniràirement sec, et, en tout cas, le moins pluvieux des vents de mer. De plus, refoulé par les barrières que lui opposent au sud les hauteurs de la Rocco et de la colline dite du Noir-Côtil, il s'engouffre comme dans un entonnoir, à l'entrée du vallon des Quenvais, derrière le mont de la Brune. C'est par cette ouverture qu'il a soulevé d'immenses amas de sable sur les plateaux. De là, selon la direction changeante du vent, les dunes se sont propagées à l'est ou au sud. C'est bien le « blown sand », sable soufflé, des géologues anglais.

Plus au sud, la grève couverte de rochers au large, reste unie le long du rivage; aussi depuis la pointe du sud-est de la Rocco jusqu'à la Pulente, une assez grande quantité de sable a encore pénétré sur les hauteurs, par un vallon et par deux petites échancrures de la côte. Les rochers de Petit-Port n'ont pu le préserver complètement; mais si le fond étroit de l'anse est rempli de sable, les collines environnantes en sont plutôt imprégnées que couvertes.

La partie de la région sud-ouest de l'île, où je n'ai pu retrouver, même par intervalle, le sol primitif enseveli sous le sable, occupe plus de deux kilomètres de l'ouest à l'est, et d'un kilomètre du nord au sud. C'est la seule que j'ai marquée sur la carte sous le nom de dunes. En réalité la superficie des terres qui sont recouvertes ou au moins fortement imprégnées de sable, est bien deux fois plus considérable. L'envahissement s'est arrêté à la vallée de Pont-Marquet, dont la direction est perpendiculaire à la marche de fléau vers l'est. Le sable qui pénétrait dans la vallée se trouvait par là-même soustrait à l'action ultérieure du vent, et le ruisseau a suffi pour empêcher l'encombrement de la vallée. Le sol de la grève de Saint-Ouen est argileux et le sable n'y garde qu'une très faible épaisseur; c'est pourquoi, dès que la plage eut été déblayée du sable venu du large, l'afflux sur les terres se trouva presque totalement interrompu. Aussi la terrasse du fond de la baie, faute de nouveaux apports, s'est couverte de mousses et de diverses plantes, entre autres de graminées aux racines traînantes, qui ont partout fixé la surface du sol. Les légers nuages de poussière, empruntés aux flancs toujours remaniés du bourrelet extérieur, et qui parviennent à franchir les collines, ne suffisent pas à empêcher la végétation de s'étendre sur les plateaux. La marche du fléau est donc enrayée. Elle pourrait recommencer si la mer, élevant subitement son niveau, venait à remanier en grand le fond sableux de la baie; mais hors ce cas, d'ailleurs tout à fait improbable, le sable provenant de l'érosion lente du rivage se distribuera insensiblement sur les terres. En attendant, la culture essaie de reconquérir le terrain perdu. Elle améliore peu à peu les abords des dunes les plus hautes, et ces champs sablonneux, s'ils ne sont pas les plus fertiles, sont au moins des meilleurs pour la qualité de certains produits.

On n'a pas de documents sur la formation des cordons littoraux dans les baies de Saint-Brelade, de Saint-Aubin, de Saint-Clément et de Grouville; mais ils sont évidemment récents et produits par le dernier retour de la mer, ainsi que les dunes basses qui çà et là les séparent des coteaux. Le déblaiement du cromlech de la Première-Tour montre bien qu'ils sont postérieurs à l'érection de ce monument. Ces cordons sont d'ailleurs assez fixes, vu le peu de profondeur que la mer atteint à leur pied. Si une tempête unie à une grande marée en emporte quelque pan, on sent la nécessité de les revêtir d'un talus, surtout quand ils sont longés par une route; mais cela ne dénote pas clairement une élévation de la mer. L'érosion d'une côte peut en effet tenir à plusieurs causes; ne voyons-nous pas chaque jour, selon la direction du vent, la mer démolir sur un point et édifier sur un autre?

Un seul envahissement des côtes de Jersey.

J'ai dit plus haut que les faits historiques concernant Jersey pourraient *à la rigueur, à ne considérer que leur date,* se concilier avec la double oscillation du sol que l'on suppose s'être accomplie, en d'autres régions, depuis le commencement de l'ère chrétienne. C'était assez donner à entendre que l'ensemble des circonstances ne s'accordait pas, selon moi, avec ce double mouvement. Ce n'est pourtant pas au silence de l'histoire que je demanderai mes preuves; car le second mouvement de subsidence des côtes dont tout le monde parle, aurait pu faire oublier le premier. En Picardie et en Flandre, ce n'est pas la tradition, mais l'observation, qui aurait révélé l'envahissement de la mer. Or à Jersey, l'observation n'apporte, ce me semble, aucune preuve d'un niveau plus élevé que le niveau actuel, depuis l'époque romaine; et au contraire il y a de bonnes raisons de croire que cette surélévation de la mer n'a pas eu lieu.

On cite des levées de galets, des rivages soulevés

(*raised beaches*), ou des dépôts modernes au-dessus du niveau présent, aussi bien à Jersey qu'à Guernesey et à Aurigny. D'abord il faut s'entendre sur le mot moderne; car relativement à la formation ancienne de ces trois îles, achevée tout entière à la fin de l'ère primaire, des dépôts modernes pourraient encore être très anciens, et bien antérieurs aux époques que nous étudions. Les levées de galets, si elles sont recouvertes par des éboulis qui les préservent de l'action de l'atmosphère, n'ont souvent aucune raison de disparaître; et si elles sont directement soumises à cette action, rien encore ne montre qu'elles ne puissent durer très longtemps. Supposons, par exemple, que la mer, s'éloignant actuellement des côtes, abandonne, je ne dis pas le cordon littoral de la baie de l'Érée à Guernesey, lequel, sur un kilomètre de long et 40 mètres de large, atteint jusqu'à 8 mètres d'épaisseur, mais seulement la masse bien moins considérable des cailloux accumulés à Boulay Bay; qui pourrait affirmer qu'ils auront disparu dans cinq mille ans? Si donc ces levées de galets ne sont pas mêlées de débris qui portent en eux-mêmes leur date, et qui n'aient pu s'y introduire après le premier dépôt, rien n'autorise à les regarder comme *récentes*, en prenant ce mot dans le sens ordinaire de l'histoire.

Quant à l'identité de leurs éléments avec ceux qui bordent aujourd'hui les mêmes grèves, c'est ce qu'on observera nécessairement presque toujours sur les côtes des îles; car les galets sont, dans leur ensemble, empruntés aux roches voisines, et par suite rien n'empêche que, durant des centaines de siècles, les cailloux roulés d'une côte ne restent identiques à eux-mêmes.

De ces remarques je conclus que les levées signalées par Ansted à Aurigny, à Guernesey et dans les petites îles voisines, et données par lui comme *modernes*, pourraient bien remonter au delà de l'ère chrétienne. Certains dépôts de tourbe et de sable, à Guernesey, ont fourni des monnaies romaines, il est vrai; mais aussi sont-ils au-dessous et non au-dessus du niveau actuel. Ceux, du reste, qui voudraient s'autoriser des observations d'Ansted pour regarder comme récents et postérieurs à l'époque romaine tous les dépôts que cet auteur qualifie de *modernes*, ceux-là, dis-je, devaient admettre que la surélévation de la mer n'a pas été seulement de quelques mètres; car pour lui le dépôt de la descente à Boulay Bay est évidemment *moderne*, *no doubt modern*, et pourtant il n'est pas à moins de 60 mètres au-dessus de la mer (1).

Le même auteur décrit un banc de galets parfaitement caractérisé, dit-il, et mis à nu durant les travaux de construction du Fort-Régent. Ce dépôt est à 30 pieds au-dessus du niveau moyen de la mer, *about thirty feet above the present mean level of the sea.* Ce

(1) Ma remarque ne se rapporte qu'au sens du mot *moderne* dans le livre *Channel Islands*. J'ai dit plus haut ce qu'on peut penser de ce dépôt (p. 73, note).

que j'ai dit des levées en général doit s'appliquer à celle-ci : par elles-mêmes, elles ne sont caractéristiques d'aucune époque. De plus, la hauteur où elle se trouve ne dépasse pas le niveau auquel la mer actuelle dépose encore des galets sur d'autres points de l'île. Qui ne sait, en effet, que durant les tempêtes les vagues peuvent jeter, ou même pousser les galets à 5 ou 6 mètres au-dessus du niveau des hautes marées ? Or ici la levée ne le dépasse pas de plus de 3 mètres. Ansted prédisait qu'elle disparaîtrait bientôt, et mes recherches me font croire que sa prédiction s'est réalisée ; quelque mur ou terrassement aura de nouveau enseveli ce dépôt.

Heureusement ces cordons de cailloux roulés, placés à quelques mètres au-dessus de la laisse ordinaire des hautes marées, ne sont pas rares. On peut en voir à la partie sud-est de la Crête Point, au Portelet de Noirmont, dans les grottes à l'ouest du Crabbé, à Petit-Port près de Vicart Harbour, et dans la petite anse aux pyromérides, à deux cents pas à l'ouest de la digue de Boulay. J'ajoute même que quelques-uns sont à des points, sinon à des hauteurs, où la mer, même durant les tempêtes, n'en pousse plus aujourd'hui. Et bien que ces dépôts soient en réalité *modernes, d'hier* si l'on veut, je dirai qu'on n'en peut tirer aucune preuve d'un niveau plus élevé. L'explication est facile. Quand il se produit un éboulement d'une falaise médiocrement accore, les terres descendues sur la grève y forment une sorte de plan incliné. Les vagues, au lieu de venir comme auparavant se briser et bondir au pied de la falaise, déferlent et poussent devant elles les cailloux bien au-dessus de ceux qu'elles abandonnaient sur l'ancienne plage. Peu à peu cependant, les talus d'éboulements délayés ou sapés par leur base se dispersent, et laissent pour quelque temps dans la falaise le cordon de galets qu'ils ont aidé les vagues à y porter.

Dans la crique aux pyromérides, le cordon est parfaitement marqué dans la muraille, et sur certains points il domine de 3 mètres au moins les cailloux qui s'arrêtent maintenant sur la grève. Cependant, si l'on observe la hauteur où il se dessine, on ne la trouvera pas supérieure à celle du cordon qui se dépose actuellement dans l'anse du Porteret, immédiatement à l'ouest de la digue. Seulement la grève de cette dernière anse est en pente douce, et les galets, sous l'action des lames, y glissent et montent au lieu de rebondir en arrière, comme il arrive à ceux qui heurtent le pied d'une côte à pic.

Les longues tranchées qui précèdent les grottes du Crabbé et les énormes blocs qu'elles contiennent encore, montrent que la partie antérieure de leurs épaisses voûtes s'est écroulée sur une grande longueur. L'entrée des grottes en aura été obstruée. Dès lors se sera produite cette agglutination des cailloux au sommet des décombres, dans les anfractuosités des murailles. D'ailleurs, à l'endroit où se sont fixés ces mélanges de galets, de gravier et de terre, en plein rocher à pic, et loin de la surface terreuse, il est évident qu'ils proviennent tant des éboulements des terres de la falaise que de l'action des vagues. La présence des matières organiques a pu contribuer aussi à donner au ciment une plus grande solidité. Ces agglomérats des grottes ont ceci de particulier, qu'ils dépassent de 10 mètres au moins le niveau des cailloux actuellement laissés directement au-dessous d'eux; mais ils ne prouvent rien de plus que les levées ordinaires de galets, puisqu'ils ne sont pas plus élevés que le cordon actuel de l'anse voisine.

Quelques-uns ont cru voir, dans un dépôt de coquilles de l'îlot de la Motte, une preuve de l'envahissement récent de la mer. Ce dépôt est en effet au moins à 3 mètres au-dessus du niveau des hautes marées et de plus il est récent. Sur le rocher dioritique recouvert d'argile, s'étend une couche d'humus et de sable épaisse d'un mètre. C'est à quelques centimètres de la surface de cette couche que se voit le dépôt de coquillages, identiques à ceux qui fréquentent les varechs des environs. La tranche qui les contient s'étend sur toute la butte, 500 mètres carrés environ, mais elle n'a pas plus d'un décimètre d'épaisseur. M. E. Duprey, conchyliologiste distingué, a expliqué la présence du dépôt à cet endroit. Les laboureurs auront autrefois apporté le varech sur la Motte comme ils le font aujourd'hui sur la côte à 300 mètres de là. Les coquillages tombés sous les amas de goémon ont pénétré peu à peu dans la terre meuble, et ont été recouverts par les débris de la végétation auxquels se mêle le sable apporté par le vent et retenu dans les herbes. Cette solution est évidente ; car si ces coquillages avaient été déposés vivants ou morts, par la mer, ils ne seraient pas contenus dans la terre végétale mais seulement dans le sable, et ils ne seraient pas mêlés de ces petites hélices terrestres qui habitent encore les herbes de la surface. Assurément les lames peuvent projeter ainsi des coquilles sur l'îlot, comme cela arrive pour quelques-uns sur les rochers de Pontac, du côté battu par la mer, mais une pareille cause ne les aurait pas distribués uniformément sur toute la surface, ni à un seul niveau. Chacun du reste peut constater l'abondance de ces mêmes coquillages sur le terrain actuellement réservé aux dépôts de varech, près de la cale qui donne accès à la grève, ou à tout autre endroit de la côte destiné au même usage.

Enfin on pourrait invoquer, comme preuve d'un niveau supérieur, ce que j'ai dit moi-même de l'érosion des roches à l'entrée de l'une des grottes du Pinacle. Mais outre qu'il est assez difficile de préciser à quelle hauteur s'arrêtent les lames engouffrées dans une grotte, rien ne prouve que cette érosion soit récente. Elle doit au contraire être très ancienne et de l'époque de la formation du Pinacle, puisqu'elle appartient à une fente qui a contribué à l'isolement du rocher. Il faut bien admettre, en effet, qu'à partir du jour où la mer a quitté la surface de l'île, elle a commencé à creuser des grottes. Depuis, leurs voûtes se sont bien des fois écroulées et nous avons vu qu'elles ont été le point de départ de fentes, d'échancrures et même de plusieurs anses.

Quant aux grottes actuelles, avec les longues tranchées qui en prolongent parfois l'entrée, elles ont exigé un temps considérable pour se creuser, et quoiqu'elles répondent assez bien au niveau présent de la mer, il est clair cependant qu'elles sont pour la plupart antérieures aux forêts submergées.

De ces observations relatives aux dépôts modernes, il ressort que nous n'avons à Jersey, ni, selon toute probabilité, dans les autres îles de la Manche, aucune preuve de la double oscillation du sol, depuis le commencement de l'ère chrétienne. Mais il y a plus, ce me semble : non seulement ce double mouvement n'est pas démontré, mais il paraît absolument invraisemblable, j'allais dire impossible. Que serait devenue, durant cet affaissement des terres, la forêt de la Brequette?

Admettra-t-on qu'elle ait pu se reproduire du neuvième au quatorzième siècle? Que quatre ou cinq cents ans suffisent à la croissance de troncs de chêne de près de 5 mètres de circonférence, on n'en saurait douter; mais une forêt ne se rétablit pas tout d'un coup après avoir été ensevelie une première fois sous l'océan. Et puis, comme l'a fait remarquer M. le Président de la

Société Jersiaise, le développement de ces arbres exigeait une certaine étendue de terrain donnant abri du côté du large, ou au moins un cordon littoral, qui n'eût pu être rétabli au delà des récifs de la baie qu'à la condition d'un retrait considérable des eaux. Or aucun document de cette époque, cependant assez connue, des invasions normandes, ne mentionne même indirectement cet éloignement de la mer après un premier envahissement des côtes.

Dira-t-on que les grosses souches de chêne appartiennent à une ancienne forêt et que le dernier bois de la Brequette n'a consisté qu'en un taillis. Rien ne justifierait jusqu'ici cette hypothèse, car toutes les racines enlacent la même couche de terre végétale et pénètrent dans le même sous-sol argileux. On peut cependant admettre que les chênes sont antérieurs aux autres essences auxquelles ils auront fait place, au moins dans les parties basses, à mesure que l'écoulement des eaux de la vallée, rendu plus difficile par le retour de la mer, augmentait l'humidité du terrain.

Voici, du reste, une preuve directe, à mon avis, contre cet affaissement du sol au-dessous de l'état présent. Cet excès de subsidence ne fût-il que de 2 mètres, il ne faudrait pas vingt ans des tempêtes que nous connaissons pour laver complètement de leur argile les rochers de la Pointe des Pas et de la Motte. Qu'on applique cette remarque aux roches de la Brequette, sur lesquelles cependant auraient poussé les arbres de la seconde forêt; qu'on l'applique aux Écréhous, occupés au treizième siècle par une population assez nombreuse pour nécessiter la construction d'une église, et l'on aura bien de la peine à admettre qu'au huitième siècle ces rochers aient été absolument dénudés et sans abri.

Sans doute la mer, au lieu d'emporter l'argile, la recouvre souvent de sable, et les plages qui environnent les roches qui nous occupent, en fournissent maints exemples; mais les rochers battus par les vagues ne sauraient se charger de glaise ni conserver celle dont ils auraient été précédemment revêtus.

La haute compétence de M. l'abbé Hamard, qui s'est appuyé sur les invasions de la Flandre, de la Picardie, et, par concomitance, du Mont-Dol, pour généraliser la thèse de la double oscillation du sol depuis le commencement de l'ère chrétienne, m'a porté à essayer d'abord d'expliquer en ce sens toutes les données précises de l'histoire locale de Jersey. On a vu qu'à ne considérer que les dates des principaux événements la conciliation ne serait pas impossible.

J'ai montré ensuite que ces mouvements en sens contraire, non seulement ne recevaient aucune confirmation de l'observation directe des côtes de l'île, mais semblaient même contredire les faits considérés avec toutes leurs circonstances. J'aurais dû peut-être ajouter que la fixité du sol de Jersey, entre deux régions qui s'abaisssent, n'offre rien d'anormal, puisque la pression latérale pourrait même, au lieu d'un affaissement, produire un surcroît d'élévation par un phénomène de plissement bien connu en géologie. En tout cas, les données sur lesquelles repose la thèse prouvent assez que, la dépression n'étant pas partout la même, rien ne s'oppose à ce qu'elle demeure insensible sur un point.

Maintenant je me permettrai quelques remarques sur ces envahissements qui servent de base à la théorie de la double oscillation depuis l'époque romaine.

Ce qu'on a dit au sujet des tourbières de la Flandre, montre, il est vrai, l'invasion des eaux et leur retrait accomplis au temps exigé par la thèse; mais ne pourrait-on rendre compte de leur mouvement rétrograde sans recourir à un abaissement de niveau? Des dépôts formés ont relevé de 1^{m},80 le sol marécageux; s'ils n'ont pas suffi à eux seuls pour arrêter les marées, on peut y ajouter quelques endiguements : les habitants ne manquaient pas dans la contrée à l'époque du dessèchement, puisque c'est dans l'existence de certains villages de ces parages qu'on trouve une preuve du retrait de la mer.

D'ailleurs ces dépôts ne dépassant pas le niveau moyen des eaux (1) ne semblent apporter aucun appoint à la théorie de l'émergence moderne.

Ce qu'on rencontre dans la vallée de la Somme est

(1) *Revue d'anthropologie*, 1875.

tellement exceptionnel qu'on ne saurait, à mon avis, en rien déduire pour l'ensemble des autres rivages. Ou bien en effet, comme l'ont pensé certains géologues, entre autres M. l'abbé Hamard (1), le sol des environs d'Abbeville non seulement n'a pas suivi le mouvement général d'affaissement, mais a subi au contraire un exhaussement; ou bien l'ensablement de l'estuaire de la Somme a considérablement abaissé l'ancien niveau atteint par la mer lorsqu'elle remontait la vallée et y produisait peut-être un mascaret.

« En interrogeant les titres de l'abbaye de Saint-Valery, écrit M. Jules Girard, on y rencontre une bulle de 1266 témoignant que les eaux de la mer faisaient alors de fréquentes invasions dans les terres de Cambron et les bouleversaient : *In illis (campis) per maris inundationem sæpe solet terræ superficies immutari.* Le village de Cambron est actuellement sur la rive gauche de la Somme, à côté de terres couvrant les sables de l'ancien estuaire, élevés de 9 mètres au-dessus du niveau de la mer. » La mer au treizième siècle remontait donc plus haut qu'aujourd'hui dans la vallée de la Somme.

Quant au sable marin du Mont-Dol, il dépasse de $5^{m},50$ le niveau des plus hautes marées. Mais remarquons d'abord que cette hauteur est bien la plus considérable que la mer ait atteinte à l'époque du dépôt. Le sable

(1) *Gisement du Mont-Dol*, p. 31.

est en effet étendu sur une plage faiblement inclinée, et cependant il ne la couvre pas jusqu'au pied de la falaise.

Cela prouve que les lames elles-mêmes ne montaient pas jusqu'au rocher quand elles ont déposé le sable. Or la baie de Dol, largement ouverte entre Saint-Brolade et Cancale, se rétrécissait beaucoup en pénétrant dans les terres. Est-il donc impossible qu'à l'époque où la mer y entrait, après s'être engouffrée par une large ouverture, elle soit montée, en se resserrant vers le fond de la baie, 1 ou 2 mètres plus haut qu'on ne l'observe aujourd'hui le long de la digue? Les lames soulevées par les tempêtes et déferlant sur la plage, durant les grandes marées, auraient poussé sur les anciens éboulis cette petite couche de sable qui « s'amincit à mesure qu'elle s'approche du tertre et se termine en biseau à 10 mètres du monticule ».

Quoi qu'il en soit d'ailleurs de certains points du rivage du nord de la France, je répète en deux mots ma pensée sur Jersey : les côtes de l'île ont été envahies depuis l'époque romaine, mais le mouvement de la mer a toujours été dans le même sens, et il semble s'être arrêté vers le seizième siècle au plus tard.

M. Alexandre Chèvremont, tout en reconnaissant cet arrêt d'affaissement depuis trois cents ans, le regarde comme accidentel, et maintient la subsidence moyenne de 28 centimètres par siècle. Aussi, après avoir sérieusement blâmé je ne sais quel auteur inconsidéré, qui n'accorde aux habitants du littoral que quinze cents ans pour se pourvoir contre un envahissement total, il annonce lui-même que dans cinq mille cinq cents ans le massif de Cherbourg se trouvera dans la condition demi-insulaire qui était celle de Jersey au commencement de notre ère. Puis regardant plus loin encore dans l'avenir, il voit « les Iles Britanniques ne laissant plus paraître au-dessus des flots qu'un petit nombre de pics isolés, seuls témoins de l'existence d'une grande terre aujourd'hui si florissante, et le golfe normanno-breton accru ou étendu aux dépens de ses îles et de ses rivages, n'ayant plus pour rompre la monotone uniformité de sa surface que les cimes désolées du Mont-Dol, du Mont-Saint-Michel et des îles anglo-normandes (1).

Pour nous, moins perspicace sans doute, mais peut-être aussi plus en garde contre toute théorie préconçue, nous ne croyons pas à la régularité ni même à l'existence des grandes oscillations actuelles. Car depuis des temps très reculés, depuis peut-être le moment où la mer a quitté une première fois les plateaux de notre île pour venir, en s'abaissant, attaquer de front les côtes, les denteler et en dessiner les baies, nous ne trouvons aucune trace d'un abaissement plus considérable que celui dont nous sommes témoins. Si, comme

(1) *Les Mouvements du sol*, p. 463.

il a été dit plus haut, il s'est produit de ces oscillations durant l'ère secondaire et tertiaire, leur amplitude n'a pas cessé d'aller en diminuant jusqu'à nos jours. Rien donc ne nous présage un envahissement pour l'avenir. Nous n'ignorons cependant pas que nos rivages, comme ceux de toute de la terre, reposent dans la main de Dieu : *In manu ejus sunt omnes fines terræ.*

TABLE ALPHABÉTIQUE.

P

Q

R

S

T

V

W

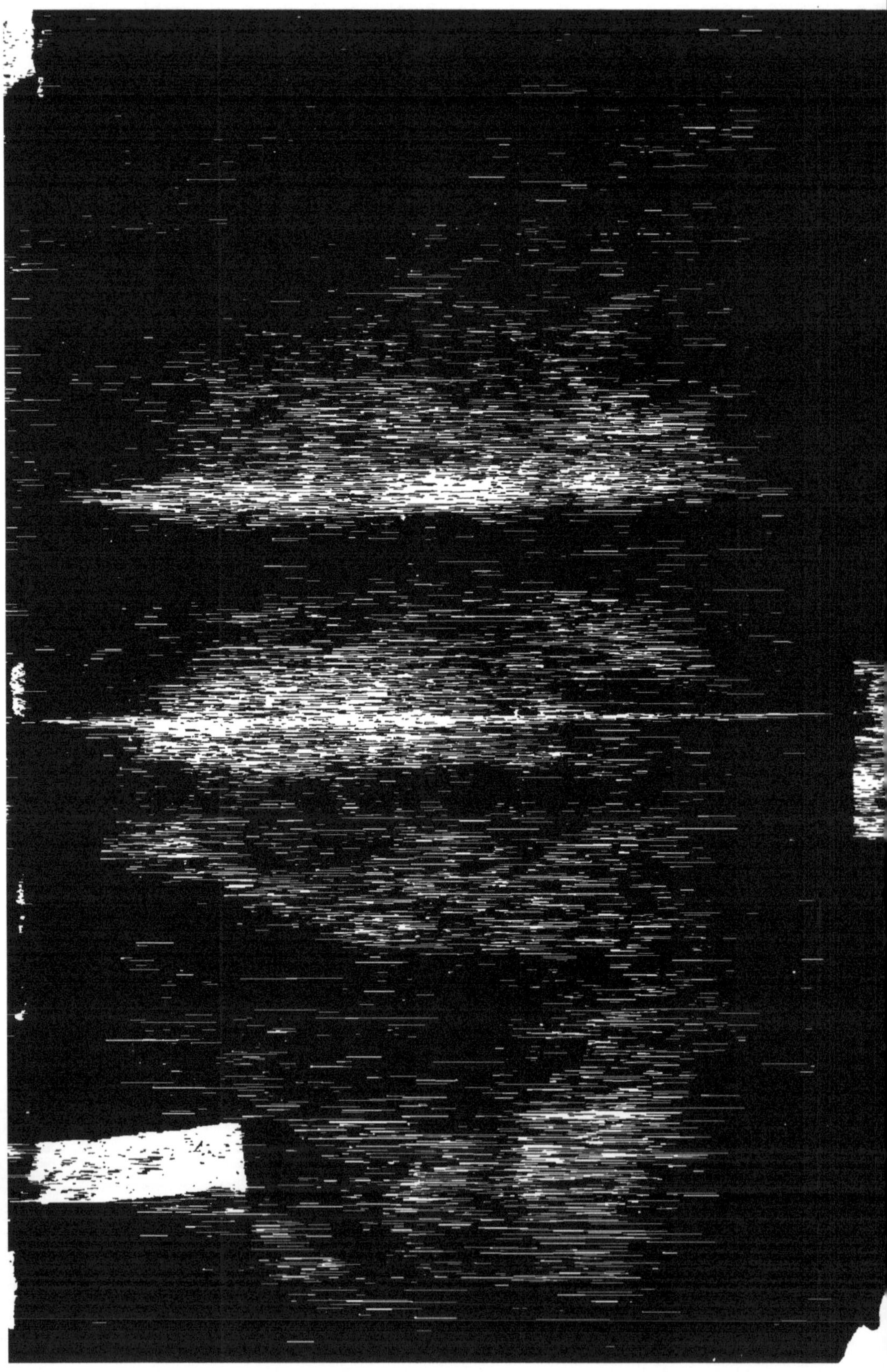

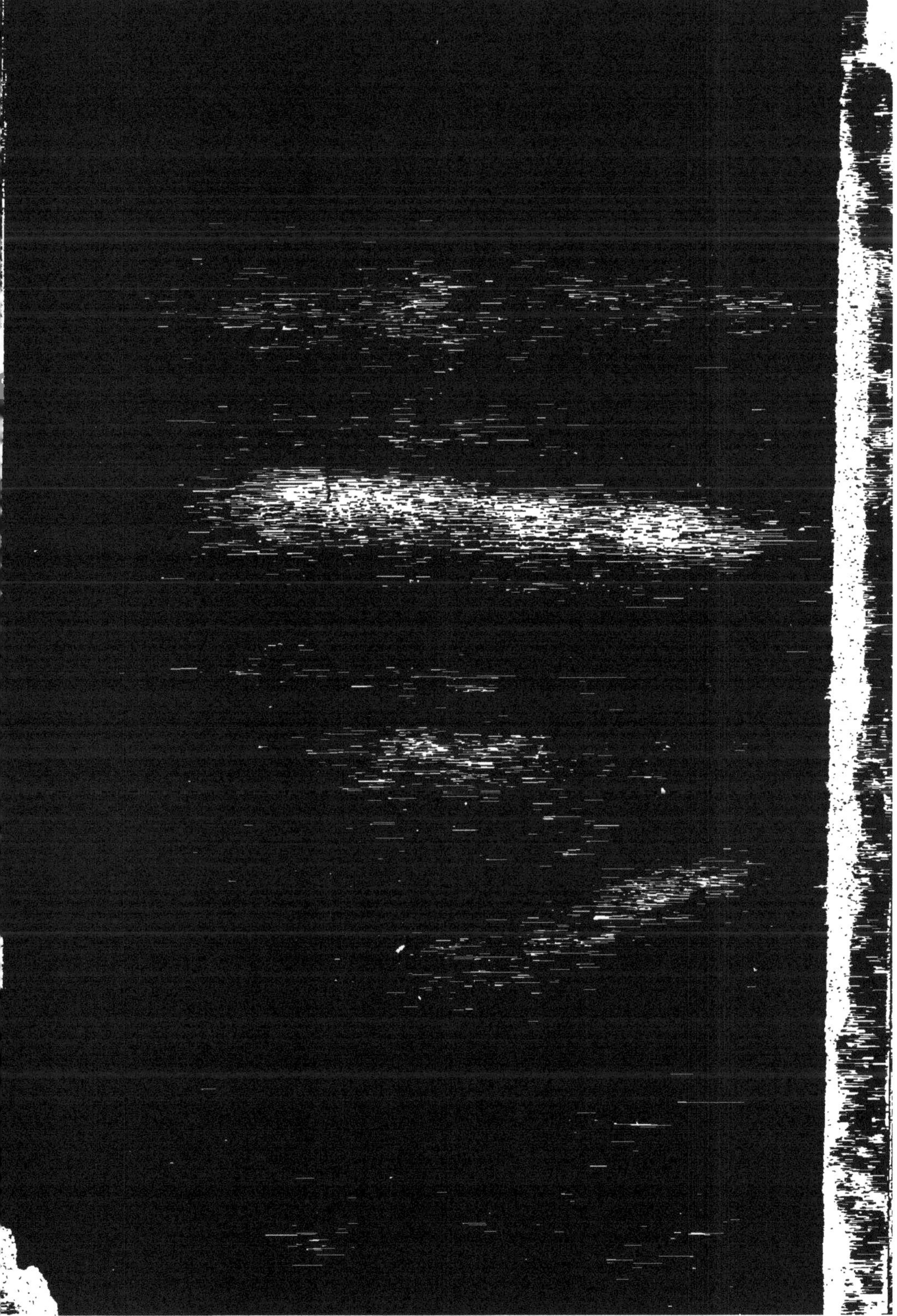

www.ingramcontent.com/pod-product-compliance
Ingram Content Group UK Ltd.
Pitfield, Milton Keynes, MK11 3LW, UK
UKHW021043200726
13857UKWH00003B/784